LUCIE DELARUE-MARDRUS
LA MÈRE ET LE FILS
ROMAN

LE LIVRE
MODERNE
ILLUSTRÉ

J. FERENCZI ET FILS
ÉDITEURS. PARIS

PRIX : DEUX FRANCS CINQUANTE

LUCIE DELARUE-MARDRUS

LA MÈRE ET LE FILS

ROMAN

Bois originaux de ROBERT HAARDT

LE LIVRE MODERNE ILLUSTRÉ

MCMXXV

© 2024, Lucie Delarue-Mardrus (domaine public)

Édition: BoD • Books on Demand GmbH, In de Tarpen 42, 22848 Norderstedt (Allemagne)

Impression: Libri Plureos GmbH, Friedensallee 273, 22763 Hamburg (Allemagne)

ISBN: 978-2-3225-5571-0

Dépôt légal : Août 2024

CHAPITRE PREMIER

Il la regardait dans sa pauvre disgrâce. Il ne recomposait pas l'étrange tableau : la dormeuse noyée dans les draps, l'aspect hanté des murs et des meubles, et, profil attentif, lui, cheveux rejetés, joue lisse, ange de quinze ans assis, dans l'ombre, au chevet d'une malade nocturne.

Dans les demi-ténèbres de la chambre où vacillait cette veilleuse posée à terre, son regard occupé détaillait inlassablement.

La tête pâle qui se renversait sur l'oreiller livrait un cou de femme que l'âge a déjà prise à la gorge, des mèches grisonnantes, des paupières foncées et chiffonnées, et ce nez de belle race et cette bouche sans couleur entre deux plis désolés.

Une main à l'abandon, petite et tachée de rousseur, montrait ses veines exagérées. Leurs mains vieillissent comme leurs visages. La trace de l'alliance ôtée, indélébile anneau, restait enfoncée dans la chair du doigt.

Le sommeil fut agité, les paupières s'ouvrirent.

— Tu es encore là ?... Pourquoi ne vas-tu pas te coucher ? Je n'ai plus besoin de rien.

— Bon !... Je vous ai réveillée ! Je ne bougeais pas, pourtant !

— Je te sens tout de même. Tu me regardes.

— Je ne vous ai jamais si bien vue ! D'habitude vous parlez, et je suis trop occupé à vous répondre.

— Pour me contredire.

— Voyons... C'est vous qui contredisez toujours !

Elle se redressa. Ses yeux étaient petits et noirs. Elle cessait, réveillée, d'être pathétique. Un énervement saccadé lui retirait de la noblesse.

— Tu trouves que c'est bien de me parler de cette façon-là ?

Il fit un mouvement brusque, mais se tut. Elle le considérait.

— À quoi penses-tu ?

— À rien.

— À rien ? Vraiment. Tu n'en as pas l'air !

— Alors à tout, si vous aimez mieux.

Un silence suivit cette insolence. Il la haïssait pour avoir posé cette question qui prétend violer le mystère de l'âme.

« J'ai le cœur un peu serré, parce que tout est si drôle. C'est comme ça depuis que je suis né. Ce doit être la faute de maman. Je l'ai toujours connue crispée et pleine de reproches. Mes frères avaient fini par me faire comprendre. Se peut-il qu'ils aient eu cette supériorité sur moi d'être nés avant moi, de m'avoir connu quand je ne savais pas encore que j'existais !

« J'ai commencé la vie par un carnaval. Il me fallait représenter Irène, morte à quinze mois, deuil impardonné. Je n'étais pas Irène. J'étais une grande déception.

« Maman ne l'a jamais admis. Elle a fait de moi le faux-semblant, le petit qu'on travestit. Mon nom de baptême, auquel je suis si bien habitué, ne m'étonne que depuis que j'ai saisi : Irénée !

« Cela n'a pas empêché mes gestes, depuis ma naissance, d'être une offense. Il y a des garçons doux comme des demoiselles. J'aurais dû en être, mais je ne suis pas doux du tout. J'étais déjà casse-cou dans mes robes de fille, avec mes longues boucles gardées jusqu'à onze ans, et d'une grossièreté dont, sans le savoir, je faisais tout de suite ma revanche. D'instinct, je n'ai pas marché dans la combinaison. Maman n'a pas eu l'enfant qu'elle voulait ni moi la mère que je voulais.

« Maintenant !... Est-ce que j'ai pour de bon, maintenant, l'absurde et terrible envie de prendre la main qui pend ? Je voudrais... Est-ce que je voudrais vraiment ?... C'est sans doute parce que je vais partir et que je ne la reverrai plus de longtemps...

« Elle s'est rendormie. Elle ne s'en apercevrait peut-être pas... Mais si je la réveille encore, elle dira : « Qu'est-ce que tu as ? » Combien de fois depuis que je suis né ? « Qu'est-ce que tu as ?... À quoi penses-tu ? » Elle ne s'est pas encore aperçue que je ne répondais jamais. »

— Eh bien !... Qu'est-ce qu'il y a encore ? Pourquoi me touches-tu ?... Toujours là ?... Mon pauvre enfant, tu ne pourrais pas aller te coucher ? C'est cruel de me réveiller tout le temps, pour une fois que je dors !

— Maman, je sais bien que c'est cruel ; mais je suis un être impossible, vous l'avez toujours dit. Avant d'aller me recoucher, je voudrais simplement vous demander quelque chose.

— Comme tu choisis bien tes heures !... Qu'est-ce que c'est ?

— Voilà. Si j'avais été d'âge à faire la guerre et si j'avais été tué, moi, au lieu de mes deux frères, m'auriez-vous un peu pleuré tout de même ?

— Quelles idées absurdes, tout à coup, et à une heure pareille. Tu aurais pu me parler d'autre chose, ou ne pas me parler du tout…

— Maman, je vous assure que c'est très important. J'ai besoin de savoir des choses. Vous n'avez plus sommeil, vous voyez, puisque vous pleurez… Ce sont mes frères que vous pleurez, je sais, et le reste vous fait mal aussi : le deuil, la ruine, la maladie, tout à la fois. Et n'avoir plus pour enfant que moi, c'est triste…

— Je te supplie d'aller te coucher ! Aurais-tu bu quelque chose ? Je ne comprends pas tes propos. Je vais appeler Hortense. C'est affreux de tourmenter une malade !

— Je suis affreux. Pourquoi vous étonnez-vous ?… Maman est-ce que c'est vrai que j'ai les mêmes yeux qu'Irène ?… Mes frères me montaient tant de bateaux, et moi je n'ai jamais aperçu qu'une fois le petit médaillon que vous cachez dans vos tiroirs. Ça vous épate, hein ? Je ne vous ai jamais parlé de ça, ni de rien, d'ailleurs ! Nous ne nous parlons que pour nous disputer. Mais vous avez dit à mes frères des tas de choses que vous ne m'avez jamais dites à moi. Pourquoi ?

— Tes frères étaient des hommes, et des hommes raisonnables.

— Pas plus que moi. Vous n'avez pas vu nos jeux à tous les trois, quand ils revenaient de leur filature pour les vacances. À cheval, par exemple, vous n'avez pas idée des bêtises qu'ils me faisaient faire ! Ça vous ne l'avez pas su ! Ils vous racontaient mes folies. Mais ils cachaient que j'étais leur pantin et que c'était eux qui m'excitaient. Je pourrais beaucoup vous parler d'eux, vous savez !

— Je ne veux pas... Je ne veux pas qu'on me parle d'eux !... Laisse-moi !... Tu me fais mal !... Tu vas me redonner une crise ! Laisse tous ces souvenirs où ils sont, mon Dieu ! Va te coucher, je t'en supplie !

— Maman, je suis gentil. Je ne suis à cheval que sur une chaise. Il n'y a pas de quoi avoir peur de moi ?

— Mais c'est horrible ! Je te dis de t'en aller !...

— Pas avant d'avoir tout dit... Maman j'en ai assez d'être un petit garçon méchant et grondé. Ça ne peut plus durer. Vous n'avez pas idée de ce qui peut passer par ma tête, de... je ne sais pas... de la rage que j'ai, de l'envie que j'ai d'être un homme. Un homme qui gagne sa vie — et la vôtre aussi, par la même occasion !

— Il est fou, il est fou ! Gagner ta vie ? Comment ? Tu n'as même pas fini tes études ! Est-ce ma faute si la guerre et les malheurs... Tes oncles...

— Ah oui !... Mes oncles ! Ils veulent me remettre au lycée le mois prochain, n'est-ce pas ? Vous croyez que je ne devine pas tout ?

— Tu pourrais les en remercier, mon petit ! Moi, je n'ai plus les moyens... Et qu'est-ce que tu veux faire dans la vie sans bachot ? Toi, surtout, qui, malheureusement, as déjà tout lu, toi, qui apprends tout si vite et sans te donner de peine !... Tu hausses les épaules ?... Je sais trop bien, hélas, que tu es né anarchiste !

— Maman, vous avez de l'amertume contre moi, je sais pourquoi. Mais moi aussi j'ai de l'amertume contre vous, et je sais aussi pourquoi... Eh bien, oui... je vous fais encore pleurer... Tant pis, après tout !

Quel brusque silence ! On n'entend plus rien que ce sanglot doux.

Au bout d'un long moment, elle put écarter ses mains de son visage.

— Va te coucher ! supplia-t-elle, accablée.

Mais elle s'aperçut qu'il chantonnait.

— Irénée !... Pendant que je pleure ?... Ah ! oui !... Tu fais un poème. Je connais ta manière... Tu m'as dit que, chaque fois que tu chantais... À cette heure-ci ?... Un poème sur quoi, ou plutôt contre qui ?... Tu m'as toujours fait peur avec tes poèmes !

— Avec quoi ne vous ai-je pas fait peur ? Les premiers vers que j'ai écrits, et qui étaient pour vous, vous ont pourtant fait pleurer autant que cette nuit.

— Parce que j'avais cru... Tu étais si petit ! Mais, depuis, ceux que j'ai vus m'ont épouvantée.

— Il ne fallait pas fouiller dans mes papiers ! C'est dégoûtant d'avoir osé faire ça ! Je vous l'ai déjà dit !

— Tu cherches encore une scène, je le vois bien. Ah ! les scènes !... les scènes !... Tu n'as donc aucune pitié dans le cœur ?... Qu'est-ce qu'il te faut donc ?... Tu veux me tuer ?...

— Il vaudrait mieux me tuer, moi. Quel débarras ! Pour une fois que je viens vous soigner, j'aggrave votre état. Je ne suis pas mes frères ! Comme ils seraient charmants pour vous, eux ! Ils sont encore charmants tout morts qu'ils sont. Mais moi !... Je ne suis là que pour vous tourmenter, d'une manière ou d'une autre. Jamais vous n'avez eu la paix. Je ne peux pas, je ne peux pas rester tranquille près de vous, vous comprenez ? Je vous ferai tout le temps, tout le temps des misères... des scènes, comme vous dites. Alors, il vaut mieux que je m'en aille. Je ne vous sers à rien, au contraire. Je mange tant ! Vous avez vos dernières petites rentes pour vivre ici, dans notre maison moisie, bien pauvrement, mais enfin... Voilà la guerre finie. L'armistice est signé... J'ai quinze ans... Je peux bien gagner ma vie. Si j'étais un ouvrier, je la gagnerais déjà depuis longtemps !

— Écoute !... Écoute !... Va me chercher Hortense !... J'étouffe !... Où est l'éther ?...

— Tenez, tenez ! Voilà l'éther. Je m'en vais. Vous allez vous porter bien tout de suite, même sans Hortense... Vous arrachez votre main ?... Je ne voulais pas vous faire du mal... Bonne nuit, maman !

Dans le couloir aux petits verres de couleur, le clair de lune intermittent plaçait des taches fantasques. Il allait vers sa chambre, mais il rebroussa chemin et descendit sans bruit l'escalier, allant du côté du parc noir ravagé d'averses.

L'attendant au bas de l'horizon, sous des amas de mauvais temps, l'aube était jaune et comme infernale.

Ici, la haie qui arrête le parc. De l'autre côté, ce sont les bois qui commencent, — leurs bois, — vendus depuis la guerre.

Ira-t-il jusqu'à la prairie (qui n'est plus à eux non plus) où ses galopades solitaires avaient lieu dans l'aurore ? Au milieu de cette prairie, quand commençaient les séances de voltige, oh ! les cris d'épouvante que poussaient François et Marcel, ces grands couards ! Mais, au fond, ça les amusait de voir Casse-Gueule, dit Irénée, faire le cirque, et rentrer après avec ses boucles dans le dos pour figurer les filles à la maison.

« Tout de même, ils avaient un certain chic, car ils ne m'ont jamais complètement vendu. On ne s'aimait pas tant que ça, pourtant ! Était-ce du chic ? À leur âge, ils avaient la responsabilité de leur petit frère, et maman les aurait blâmés de me monter la tête comme ils faisaient et de m'apprendre tout ce qu'ils n'avaient jamais osé faire eux-mêmes dans les manèges. Si maman avait su ça ! J'avoue que quelquefois, j'allais un peu loin ! Eux ils rigolaient. Et quand, sous le hangar, les jours de pluie, je faisais la roue et le saut périlleux, ou quand je sautais du premier étage, ils se gardaient bien de m'en empêcher ! Il y a eu sur ma tête bien des bosses inexplicables, et j'ai bien souvent caché mes genoux troués, par peur d'avoir des explications à donner.

« Ici… Même à moi-même je ne pourrais dire ce qu'il y avait ici de si épatant. Il ne s'y est jamais rien passé. Mais c'est à cause de la vieille statue et des arbres qui ont trop poussé. À cet endroit-là, tout ce qu'on ne voit pas, tout ce qu'on n'entend pas, tout ce qui épouvante et tout ce qu'on aime est passé par ma tête.

« M'y revoici sous cette pluie noire. Le grand cheval de plâtre, presque démoli, s'égoutte sur mon dos déjà trempé. Je n'ai jamais su le nom des arbustes qui ont envahi. En été, ils auront des petites boules blanches et molles.

« Allons ! Voilà le soleil qui crève tout, malgré la pluie. La maison va se réveiller… Oh ! ça sent si bon aussi, tout ce printemps englouti sous l'eau ! Tant pis ! Je n'aurai pas le temps d'aller revoir le reste. Et puis, je le connais par cœur.

« Heureusement que j'avais mes frusques de nuit (mes savates sont certainement fichues). Une fois changé de pied en cap, je cesserai sans doute de claquer des dents. »

Il n'avait rien, trois quarts d'heure plus tard, en route vers la gare sous un vieux parapluie, rien que vingt-cinq francs dans sa poche, gardés depuis sa fête, cadeau annuel de ses oncles, et, dans sa poche également, avec la carte de sa mère, cette lettre escamotée l'avant-veille dans le courrier, cette petite lettre bleutée sur laquelle courait, banale, une grande écriture de femme.

CHAPITRE II

Dès qu'elle eut, au coup de sonnette, ouvert la porte de service, la fille fit un geste de recul devant le beau petit monsieur qui se trompait d'escalier.

— Voir madame ?... Monsieur veut-il me donner sa carte ? Je vais faire passer monsieur par ici pour retrouver le salon.

— Mais non, dit Irénée. Je viens pour la place de valet de chambre. J'ai mes papiers... Si Madame veut me voir...

À l'instant, l'autre changea de visage. Son expression fut celle de qui rencontre un compatriote à l'étranger.

— Ah !... vous venez pour la place ? (un petit sourire complice relevait sa lèvre qui portait moustache). Alors, attendez ! Je vais la prévenir.

Il s'assit sur une chaise paillée. La cuisine était importante et belle. Il tira ses papiers de sa poche et les relut à la hâte.

Sur la carte de sa mère, une carte sans adresse, il avait inscrit, d'une toute petite écriture assez bien imitée :

Au moment de partir pour le sanatorium exigé par ma santé, je tiens à certifier que j'ai vu naître le jeune Jules Terrain, et que je réponds de lui. Ses parents sont morts à mon service. Il ne sait pas encore grand'chose, mais il se mettra vite au courant, car il est très intelligent.

Marie D<small>ERBOS</small>.

La lettre bleutée :

Chère amie. Il y a des siècles que nous ne nous sommes vues, et la correspondance entre nous est plutôt rare. Avec cette guerre, on ne savait plus où on en était. Mais ça n'empêche pas l'amitié, n'est-ce pas ?

J'espère que vous êtes tout à fait remise de votre grand et double malheur. Deux si beaux garçons... Enfin ! Toute la

France est dans le deuil. Dieu merci, voilà le cauchemar terminé.

Moi, je n'ai pas à me plaindre. J'ai trouvé dans mon second mari le vrai rêve de toutes les femmes. Je ne dis rien de plus.

Nous partons pour Buenos-Ayres, où nous vivrons désormais. Me permettrez-vous, avant de prendre la mer, de tenir la promesse formelle que j'ai faite à mes charmants amis Maletier (dont je vous ai peut-être parlé jadis). Sachant que j'avais une amie à la campagne, ils m'ont suppliée de vous écrire pour vous demander si vous ne connaîtriez pas un garçon, ou même une fille, quelque honnête enfant de paysan, qui entrerait chez eux comme domestique. Ils sont à bout de recherches et de fâcheuses expériences, et vraiment désespérés.

Ils seraient disposés à donner jusqu'à 200 francs par mois, sans compter qu'ils sont très faciles à servir, n'ayant pas d'enfants en bas âge.

Enfin c'est une très bonne place pour celui ou celle que vous enverrez, si par bonheur vous avez cela sous la main. Ci-joint leur adresse à Paris.

Je compte sur vous. Veuillez croire, chère amie, à la bien fidèle amitié de votre

LUCIENNE.

Il achevait de cacheter enfin, en la serrant très fort, l'unique enveloppe où les deux papiers étaient contenus.

— Par ici, s'il vous plaît !

Il suivit, son chapeau à la main, sans rien regarder, toute curiosité annihilée par le sentiment de son énorme audace. La dame était debout dans le salon, tailleur correct, coiffure banale et nette, une petite brune, boulotte mais distinguée tout de même, avec de jolis yeux dans un visage quelconque.

— Bonjour !... dit-elle évasivement.

Puis :

— Qu'est-ce qui vous envoie ?

Il achevait de s'approcher. Elle ne vit d'abord que ses yeux, deux grandes places bleues dans du bistre, ses yeux qui ne manquaient jamais leur effet. Au-dessus d'un front d'archange, il avait de brefs cheveux noirs qui ondoyaient dès la racine, emportés par un souffle de tempête. Le reste du visage, nez court et pommettes hautes, conservait intacte, malgré l'énergie des traits, la rose de l'enfance, une rose-thé. On devinait que ses joues sentaient bon. Il était très grand pour quinze ans.

Mme Maletier venait de retenir à temps son exclamation, et le petit fut heureux de se sentir rougir, parce que cela lui donnait l'air timide.

— Voilà !... dit-il en tendant le plus gauchement qu'il put son enveloppe.

Et, tout le temps qu'assez fébrile elle lut les deux papiers, il contempla fixement les fleurs du tapis. Il savait que c'était le grand moment, celui du capital battement de cœur. Cependant, il était irrité de se sentir si calme.

— Eh bien !... dit Mme Maletier, en relevant la tête, cette dame donne de très bons renseignements sur vous. Nous pouvons essayer de nous arranger, peut-être... Quel âge avez-vous ?

— Dix-sept ans, madame.

— C'est bien jeune !... Et vous êtes orphelin ?...

— Oui, madame.

— Pas de frères ? Pas de sœurs ?

— Non, madame.

— Et... vous n'avez jamais servi, je crois ?

— Non, madame... C'est-à-dire... J'ai aidé quelquefois chez Mme Derbos.

— Cette dame dit qu'elle vous a vu naître.

— Oui, madame... Mais elle est malade. Elle est obligée...

Une émotion le coupa.

— J'ai vu ça sur sa carte..., dit plus bas Mme Maletier, observant cette émotion. Mais je crois que vous ne serez pas malheureux chez nous.

Il ne répondit pas, la tête basse. Il revoyait sa malade de cette nuit, dans son lit défait par les agitations de la crise cardiaque.

— Pouvez-vous entrer aujourd'hui même ? demanda Mme Maletier après un petit silence. Cela nous rendrait bien service. Nous n'avons que la cuisinière que vous avez vue, et elle n'en peut plus. La femme de ménage a cessé de venir depuis trois jours.

— Moi je veux bien, madame. D'abord, je ne connais pas Paris... Je ne saurais pas où aller.

— Où sont vos bagages ?

— Je n'en ai pas, madame. Je suis venu comme ça. Mme Derbos est partie et...

Elle fut étonnée, mais essaya de le cacher.

— Bon, bon !... Il y a des livrées ici qui vous iront, je pense... Pour le reste... Enfin, ce n'est qu'un détail. Qu'est-ce que vous demandez comme gages ?

— Mme Derbos m'a dit que c'était deux cents francs. C'est ça qui m'a tenté.

— Deux cents francs ?... Mais vous ne savez pas du tout servir...

— Oh ! ce n'est pas bien difficile, madame !

— Deux cents francs, surtout étant donné que je vous habillerai complètement...

Il esquissa le geste de se retirer. Elle se dépêcha de dire :

— Bon !... bon !... Si ce sont vos conditions...

Puis :

— Qu'est-ce que vous faisiez jusqu'ici ?

C'était le second battement de cœur prévu.

— Je faisais un peu de tout, madame. Du jardinage, du ménage... Je soignais les chevaux... Mme Derbos m'employait à tout.

— Bien... Bien... Et... il y a longtemps que vos parents sont morts ?

— Il y a trois ans que mon père est parti, et ma mère...

Il s'étrangla pour achever :

— ...est morte cette année.

Un instant elle plongea dans le gouffre bleu des yeux largement ouverts sur un rêve.

— Pauvre garçon... murmura-t-elle, gênée.

Il rectifia son attitude. Sa voix n'hésita qu'une seconde pour articuler la formule jamais prononcée encore. Il savait qu'en parlant à quelqu'un, pour la première fois de sa vie, à la troisième personne, il entrait du coup dans la domesticité. Ce ne fut qu'un souffle.

— Alors, madame me prend ?

— Mon Dieu... je suis tellement à court. C'est un peu cher, mais j'espère que vous mériterez vos gages. Les renseignements sont excellents... Vous avez l'air d'un garçon sérieux, malgré votre âge !...

Elle n'ajouta pas : « Et votre figure extraordinaire », mais le pensa certainement.

Alors le battement de cœur qui n'était pas venu quand il l'attendait remplit la poitrine d'Irénée jusqu'à le gêner dans sa respiration.

La folie qui l'avait conduit jusque là, lui apparaissait brusquement tout entière. Il évoqua sa mère, sa maison, toute sa vie ; et ses oncles, hobereaux entichés, il les entendit prononcer dédaigneusement : « Mes gens ! » en regardant par-dessus leur épaule. Mais n'y avait plus à reculer. Il réprima le petit rire qui cherchait le coin de ses sarcastiques lèvres, et proféra :

— Alors, madame veut-elle me mettre tout de suite au courant ?

Et, dès qu'il eut dit ces mots, il sentit qu'un amusement prodigieux commençait pour lui.

— Je vais sonner Albertine !... s'empressa Mme Maletier, en faisant quelques pas. Moi, j'ai à sortir, mais elle va vous expliquer tout.

Albertine parut, haute, maigre. Ses yeux de jais étaient ronds et méchants dans une face blême où la moustache paraissait plus noire.

« Moi, le peu que j'en ai, je le rase ! » pensa le petit.

— Voilà Albertine, la cuisinière ! dit Mme Maletier avec cette sorte d'amabilité condescendante qui, dans la bonne humeur, fait parler les maîtres à leurs domestiques comme à des enfants. Vous voyez, Albertine, nous avons un nouveau valet de chambre. Jules... c'est bien votre nom ? Jules entre tout de suite. Qu'est-ce que vous voulez !... Nous pouvons toujours essayer ! Ce n'est plus possible de rester comme ça... (Un sourire.) Voilà bientôt cinq ans qu'Albertine est chez nous, et je crois qu'elle ne s'y déplaît pas. Nous, nous l'aimons beaucoup (une lueur dans les yeux de jais), et nous espérons la garder toujours... Enfin, voilà !... Oh ! je suis déjà en retard !... Vous pouvez aller avec elle. C'est ça... Dites !... Le déjeuner pour une heure exactement, Albertine ! Monsieur me l'a recommandé. À tout à l'heure !

Il sortit du salon sur les talons de la cuisinière, heureux d'être tombé dans une maison où l'affection semblait régner entre maîtres et domestiques.

Revenus dans la cuisine, Albertine commença par lui offrir une chaise avec l'affabilité que, dans tous les mondes, on réserve aux inconnus.

— Vous devez être fatigué du voyage, dit-elle. C'est pour ça que je vais prendre un verre avec vous.

Un coup de torchon sur la table, une bouteille de Graves et deux verres sortis du placard lui donnèrent l'occasion de montrer qu'elle avait de belles manières. Ce fut, du reste, sa dernière manifestation protocolaire, car, dès qu'elle fut assise :

— Qu'est-ce qu'elle vous donne comme gages ? demanda-t-elle sans chercher ses mots.

Il tâcha de prendre tout de suite le ton. Et, bien qu'une si brusque curiosité de la part d'une servante attachée à la maison comme celle-ci l'était lui parut cadrer mal avec l'attitude de tout à l'heure :

— Deux cents !... répondit-il négligemment.

Un rire fit apparaître sous la moustache tout un jeu de dents gâtées.

— À la bonne heure !... s'esclaffait la fille. Ils en ont, n'ayez crainte ! Ils peuvent y aller. C'est rapiat, mais quand ça ne peut pas faire autrement, ça casque. Deux cents francs ! Bientôt autant que moi !... Je vais demander de l'augmentation dans huit jours.

Il la regardait fixement. Elle ne s'aperçut pas de son silence.

— Moi, poursuivit-elle, excitée, j'ai toujours été trop bête. On a l'honnêteté dans le sang, il n'y a pas d'erreur. Je ne me suis jamais fait beaucoup plus de cinq francs par jour dans mes places. Il y en a qui en feraient bien plus. C'est déjà bien assez d'être chez les autres. Et puis ces gens-là...

— Ce ne sont pas de bons maîtres ?... interrogea-t-il.

— Peuh !... Pas plus mauvais que d'autres ! Comme tous les riches, quoi ! Vous avez vu ?... ma bonne femme n'est pas trop mal, quoique ce soit une sainte nitouche, au fond. Mais lui, c'est une vraie gueule d'empeigne. Vous verrez ça ! Le fils et la fille, c'est de la graine, naturellement.

Plus encore que les paroles, l'expression du visage apprenait à l'apprenti valet, une fois pour toutes, qu'entre les deux classes il n'est pas de réconciliation possible. Il venait d'entrer dans un monde inconnu. Des gouffres s'ouvraient. Avec un peu de vertige, il goûtait le plaisir de se pencher au-dessus. Il ne se savait même pas avide de la chose humaine.

Il avait quinze ans et ne croyait vivre qu'une aventure exorbitante.

Elle avança ses coudes et son visage.

— Vous venez de loin ?

— Oui… dit-il, en savourant le double sens de sa réponse.

— Vous êtes encore tout gosse !… remarqua-t-elle, en détaillant son visage étrange.

Comme il ne répondait pas, elle cessa de parler de lui, ce qui n'avait été jusqu'ici qu'une marque de politesse. Le vin blanc l'exaltait peut-être.

— Moi, commença-t-elle avec un peu d'emphase, j'ai quarante ans. Je ne m'en cache pas. Je ne me cache pas non plus d'être vieille fille. J'en suis fière comme je suis fière de ma moustache.

Elle but et continua ses confidences.

— J'ai toujours travaillé. Avant d'aller à l'école je trimais déjà. Je suis l'aînée de sept, vous comprenez ? Ce sont bien des soucis avant l'âge. Haute comme ça, j'avais un gosse sur le bras et deux autres à moucher. Je n'avais mon âge que pour recevoir des gifles.

Ses yeux durs s'immobilisèrent.

— Je continue toujours à envoyer tous les mois à mes vieux…

Sans insister, elle poursuivit :

— Quand je me serai fait assez, je plaquerai la boîte, ici, et je m'installerai chez moi. Oh ! le jour où je ne serai plus chez les autres !… J'aurai un petit logement à Paris, parce que, la campagne, je l'ai assez vue dans le temps. Mais, tous les deux ou trois ans, j'irai faire un tour au pays.

Un silence suivit. Irénée regardait passer, sur le vilain masque, espoirs et souvenirs, vague embryon de poésie qui se faisait jour tout de même à travers tant de vieille atrocité.

Elle dut s'apercevoir enfin qu'il ne racontait rien.

— Vous, vous êtes costaud, malgré votre figure d'amant de cœur. Vous en verrez aussi, d'ici que vous ayez mon expérience. En attendant, vous allez toujours apprendre le service ici. Quand ils vous auront bien mis d'aplomb, vous pourrez aller ailleurs, et gagner plus.

Pas de réponse. Elle dut le juger timide ou sournois. Bougonne, elle se leva.

— Allons !… Il faut que je vous montre, maintenant. Ils diraient encore que je suis une feignante.

Il s'était levé comme elle, et la suivit.

— Voilà la salle à manger. Vous savez balayer ?… Pas plus que ça ?… Je vous montrerai.

Une porte fut ouverte.

— Ça, c'est l'antichambre. Faut que ce soit fait dès le matin. Voilà le salon, que vous connaissez déjà. Là, faut faire très attention, parce que…

Elle expliqua minutieusement, toute gouape abandonnée, fière de prononcer devant le novice des mots qu'elle connaissait et qu'il ne connaissait pas. « Le beau tapis d'Aubusson... la pendule Empire... le vase de Chine... »

— Surtout, dit-elle, près de la fenêtre, faites bien attention de ne pas me froisser mon tulle brodé.

Devant le piano à queue, la haine reparut.

— Je vous recommande de remettre droit ce chameau de machin-là quand vous l'aurez essuyé. Il faut, continua-t-elle avec un rire de rage, qu'il soit sur ce sens-là et pas sur l'autre ; sans ça, ça fera des histoires à n'en plus finir. Ah !... je m'en suis vu pendant plus d'un an, avec ça !

Il examina la belle pièce de vieux Rouen à la corne, dont le décor lui rappelait l'un des trésors de sa famille, cassé par lui, quand il était tout petit. Il ne concevait pas que la bonne eût pu, pendant plus d'un an, poser à l'envers cette jardinière sur ce piano.

Un reste de colère et de mépris hérissait encore la sombre moustache au souvenir des avanies. Pour cette fille du peuple, exiger qu'une jardinière fût replacée dans son sens, représentait de toute évidence un tic, une absurde manie, en un mot, une *idée de patron*.

— C'est comme les rideaux de soie, continua-t-elle, avec l'air qu'on a quand on parle de fous dangereux ; faut que l'embrasse soit comme ça, et pas comme ça.

Elle haussa les épaules.

— Je vous dis tout ça... Vous ne retiendrez rien, naturellement. Mais vous vous habituerez à la longue, comme moi.

Il n'écoutait plus. Sans le savoir, il observait, avec une curiosité d'entomologiste, le va-et-vient de la cuisinière au milieu des objets très précieux non prévus dans sa destinée. Rien ne l'avait préparée à évoluer parmi ces merveilles. La direction d'une vie commence avec l'enfance. L'aînée de sept, trimardeuse à cinq ans, ne s'adapterait jamais à l'intérieur qui n'était pas fait pour elle. Dans le petit logement de ses rêves, quand elle ne serait plus chez les autres, aucune trace ne resterait de son passage dans des maisons de haut goût, mais elle reprendrait où elle l'avait laissé son idéal entêté de prolétaire, à jamais amoureuse des suspensions en zinc et des armoires à glace en pitchpin.

Il examina le jeu des doigts raides qui ne savaient rien de l'adresse atavique des mains cultivées, celles qui, depuis des générations, manipulent les fragilités, jouent du piano, connaissent la discipline du toucher et toutes ses finesses.

Cette fille avait visiblement peur jusqu'au bout de ses orteils en soulevant cette poterie ou cette statuette. Ne pas casser représentait pour elle un effort de tout l'être.

— Ça, c'est le cabinet de monsieur, la première pièce que vous ferez le matin.

— Qu'est-ce qu'il fait, monsieur ?

Elle se rengorgea.

— Il est avocat, mais vous savez, tout ce qu'il y a de mieux dans Paris. On est de la haute ici ! Vous verrez ce qui défile là-dedans ! Et au jour de la patronne, donc !... Et des dîners !... D'abord, je suis cordon-bleu, telle que vous me voyez. Et puis, moi, nous avons auto au mois ! C'est comme je vous le dis. Ah ! Vous n'êtes pas chez des purées, ici !

Il remuait la tête avec elle, faisant l'idiot. Au fond, il avait bien de la peine à suivre la logique de cette primaire.

— Nous avons à peu près vu tout ce que vous avez à faire, conclut-elle en quittant le cabinet de travail. Les chambres à coucher, c'est moi qui m'en charge, en attendant la femme de ménage, et la salle de bains aussi. Un gars n'a pas à mettre son nez là-dedans. Naturellement, vous ferez les chaussures, vous ouvrirez la porte, et c'est vous qui aurez le

service de table. Mais, là, c'est la patronne qui vous dressera. Maintenant, allons au sixième.

Quand ils furent revenus dans la cuisine :

— Tenez ! Voilà un tablier bleu. Il ne nous en reste pas des tas. Notre dernier valet de chambre était un voleur. Il a emporté tout ce qu'il a pu en partant. Moi, je ne comprends pas ça. Je veux bien faire mes bénéfices, mais je ne toucherais jamais à rien.

Et l'air honnête qui était le sien en parlant de ces bénéfices montrait bien qu'il ne s'agissait là que d'espèces de contributions indirectes dans le genre de celles que perçoit l'État.

Elle l'installa dans un coin, contre la grande table de bois blanc tendue de toile cirée.

— Tenez !... Épluchez-moi ces haricots verts. Vous savez faire ça !

Il ne savait pas. Elle le contempla.

— Qu'est-ce que vous faisiez donc à la campagne ?

Elle s'était penchée pour lui donner une leçon. Involontairement il fixa, de si près, cette figure, cette moustache. Il avait compris à l'instant comment dépouiller les haricots verts de leurs filets ; mais elle s'attardait, ne pouvant imaginer tant de rapidité de la part d'un commençant.

Quand elle le jugea suffisamment initié, vive elle se tourna vers son fourneau. Elle n'était plus, tout à coup, que le cordon bleu. Et, certes, dans la façon dont elle faisait la cuisine, il y avait une désinvolture d'artiste.

Un mutisme actif suivit. Il épluchait consciencieusement. Bientôt sa pensée changea. Tant de distractions accumulées depuis quelques heures s'écartèrent de son esprit. Il remarqua qu'il continuait à pleuvoir, et sa pensée erra, comme un fantôme qu'on peut rencontrer, dans les allées de son parc, au bout des distances considérables qui l'en séparaient à présent. Il entra dans la maison délabrée où sa mère dormait maladivement, à moins qu'elle ne fût en train d'interroger la mère Hortense avec des gestes saccadés.

Irénée disparu depuis le matin, ce n'était pas tout à fait une nouveauté, mais il rentrait toujours le soir. Et puis, il avait laissé cette lettre dans sa chambre, et, maintenant, maman se demandait si c'était vrai qu'il fût parti pour l'inconnu, répétant qu'il en avait assez d'être un petit garçon, disant que son départ était un bon débarras pour tout le monde, surtout pour lui-même.

Il l'entendait : « Il est fou ! Il est fou ! »

La voix d'Albertine le fit tressaillir.

— Avez-vous parlé de vos dimanches ?

— Ma foi non. J'ai oublié.

— N'ayez crainte, gronda-t-elle. Moi je vous sortirai. Vous ne connaissez pas Paris. Moi je vous mènerai au cinéma.

En tablier blanc, il se tient immobile devant le buffet. Aurait-il jamais supposé que, né pour tout comprendre, tant d'étonnements lui étaient réservés ?

Les plus observateurs ne connaîtront jamais le détail d'une chose tant qu'ils ne l'auront pas pratiquée de leurs propres mains.

— Allons !... dit Mme Maletier, dès les premiers gestes du jeune garçon, je vois que vous comprenez très vite, Jules ! Ça ira très bien.

L'avocat, en se mettant à table, l'avait parcouru de ce même regard qui devait confirmer au surprenant Jules, l'eût-il ignoré, qu'il n'avait décidément pas un visage ordinaire. Au bonjour poli du maître, il avait répondu les yeux baissés, non sans avoir scruté d'un coup d'œil le nouveau personnage de la maison, gentleman haut sur jambes, chauve, anguleux et distingué, longues moustaches gauloises, laideur intelligente dont le mystère ne se déchiffrait pas d'emblée.

Le déjeuner commençait en silence. Il y avait de la précaution dans l'air. « Suis-je bien tombé ?... » se demande-t-on de part et d'autre. Et tout le monde retient sa respiration comme pour ne pas gâter le charme de ces commencements qui ne sont chaque fois que miel, quels que soient les caractères confrontés, quels que doivent être les orages qui suivront.

Au second plat, Irénée avait compris tout le mécanisme du service.

— He is marvellous !... murmura la jeune Henriette.

Et, dès lors, les trois se mirent à converser en anglais.

Irénée dut, impassible, écouter, dans une langue couramment parlée chez lui, les appréciations qu'il suscitait.

Certes, tous trois avaient, d'instinct et sans hésiter, reconnu leur race. « Tout ça pour cent francs ! » s'extasiait le maître.

« Ah ! ah !... se disait le faux domestique, on n'a donc pas avoué que j'en gagnais deux cents ? Voilà donc un homme auquel sa femme a l'habitude de mentir. Elle lui ment pour cent francs. Donc, c'est un avare. »

Il était Asmodée. Il avait peur que l'expression de sa bouche ne le trahît. La bouche, voilà le danger du visage le plus maître de soi.

Ayant changé les assiettes et les couverts avec une dextérité pleine d'élégance :

— Bravo, Jules !... s'écria Mme Maletier.

Son mari la regarda, flegmatique. Se gardant de hausser le ton, il commença, souriant, aimable, et toujours en anglais :

— Êtes-vous imbécile, chère ? Si vous lui payez de tels compliments, il demandera de l'augmentation demain.

Alors Mme Maletier reprit le français pour dire à son mari :

— Tu sais, mon ami, que M. et Mme de Leuvans m'ont téléphoné qu'ils viendraient à trois heures aujourd'hui ? Peux-tu rester pour les voir ?

— Mon Dieu, si ça te fait plaisir, je crois que je pourrai rester un moment...

Ils se levaient de table, le café pris.

— Jules, dit Mme Maletier assez sèchement, vous ferez entrer ce monsieur et cette dame au salon. Ils ont rendez-vous.

Et, sans le regarder, le trio quitta la salle à manger.

Albertine, la fourchette en l'air, la joue gonflée, faisait entendre en mangeant plusieurs sortes de bruits de bouche. Une fois de plus sa vie chez les raffinés ne lui avait rien appris.

Irénée, sans en avoir l'air, observait ce phénomène. Avec quel appétit il déjeunait de restes, en face d'une cuisinière ! Il savait qu'à aucun moment elle ne lui demanderait à quoi il pensait.

— Vous n'êtes pas bavard !... remarqua-t-elle enfin.

— J'avais si faim, et votre cuisine est si bonne ! Ce poisson, c'est vraiment inouï !

— Ah ! c'est que j'ai mes idées là-dessus. Pas d'erreur ! Moi, faut que ça voyage dans la crème !

Il releva la tête et sourit à ce mot. Elle ne comprit pas pourquoi. Le pittoresque du populaire n'est que création spontanée. Il n'y a pas de lectures derrière. Albertine, comme tant d'autres, devait avoir souvent de ces trouvailles imagées. Mais elle n'en saurait jamais rien.

— Qu'est-ce qui s'est dit à table ?... interrogea-t-elle.

— Ils ont parlé presque tout le temps en langue étrangère... répondit l'hypocrite.

— C'est de l'angliche... expliqua-t-elle avec importance. Il y a eu une miss ici jusqu'à l'année dernière. Mais quoi ?... En français, ils n'ont rien dit ?

— Si ! Ils ont dit que M. et Mme de Leuvans venaient à trois heures.

Elle battit presque des mains.

— Ah !... ceux-là, moi, c'est du monde bien ! Je leur ai ouvert trois ou quatre fois. La dame a toujours eu un bonjour poli à me dire, et le monsieur m'a chaque fois levé son chapeau.

Comme tout serviteur, Albertine est entrée dans la maison *en ennemie*, les bonnes et valets de Bibliothèque Rose ayant fait leur temps. Pourquoi ? Quelle longue amertume y a-t-il derrière cela ?

Les maîtres ne se sont jamais donné la peine d'approfondir le drame de la domesticité. Les domestiques, de leur côté, sont-ils capables de rien analyser ?

Voici, respirant le même air, vivant dans les mêmes murs, mangeant la même nourriture, sans cesse côte à côte, deux races séparées par cet océan : l'éducation.

Inconsciemment, les maîtres portent dans leur sang l'orgueil d'être des cultivés. Cette aristocratie, c'est surtout à cause d'elle qu'ils sont ces riches auxquels il ne sera pas pardonné. Et pourtant, pour un sourire et un coup de chapeau de la part des riches, voici qu'Albertine, malgré son goût furieux d'ouvrière pour l'égalité, reconnaît, au fond d'elle-même, modestement, que ce sourire et ce coup de chapeau descendent vers elle du haut d'une supériorité qu'elle n'atteindra jamais.

« Ils ne sont pas fiers ! » Voilà la plus haute louange du peuple à l'adresse de ce qu'il hait. « Ils ne sont pas fiers » signifie en toutes lettres qu'ils auraient le droit de l'être et que le fait de ne l'être pas est une grâce, une manifestation d'élégance morale. Or, ces dépaysés, les domestiques, sans cesse humiliés dans un milieu qui n'est pas fait pour leur mentalité, avec quelle élégance, en effet, ne faudrait-il pas les traiter pour racheter l'injustice initiale qui les fit naître ce qu'ils sont tandis que nous sommes nés ce que nous sommes ! Certes, la muflerie, pour dire le mot, n'est pas seulement de leur côté.

Qui donc enseignera jamais à la bourgeoisie l'art secret et difficile de se faire servir avec charme ?

Irénée ouvrit la porte, et il eut le sourire et le coup de chapeau.

Tandis que, plus tard il essuyait la vaisselle avec bonne humeur :

— Vous irez sans doute servir le thé tout à l'heure !... lui annonça la cuisinière. Faites attention à Gueule d'Empeigne et à la petite dame de Leuvans. Moi, il y a quelque chose entre eux, c'est sûr !

Ainsi prévenu, lorsqu'il entra dans le salon, portant le plateau du goûter, il se dépêcha de regarder.

Mme de Leuvans finissait, bouleversant contralto, de chanter quelque lamento russe. Ses beaux yeux noirs, enivrés de musique et de poésie, dédiaient le dernier soupir d'un tel chant, en un regard d'une seconde, au visage tendu, pâle, de M. Maletier, assis contre le piano. Un grand secret palpitait entre eux, magnifiquement bridé par la discipline mondaine. L'expression du maître, en cet instant, transfigurait ses traits, soudainement envahis par la noblesse de l'amour.

Cela n'avait duré que l'espace d'un éclair, mais l'adolescent avait vu le spectacle de beauté. Le peu de musique entendue venait, du même coup, de le frapper au cœur. Retournant à la cuisine, il dut s'arracher du salon, sa place légitime. Ses nerfs d'enfant vierge frémissaient. Il était comme foudroyé par cette inattendue révélation d'un amour qu'il sentait plus véhément et plus beau qu'aucun lyrisme. Il tressaillit péniblement à la voix d'Albertine :

— Eh ben ?... Avez-vous vu ce que je vous avais dit ?

— Oui... murmura-t-il, grisé.

Alors, prononçant fort distinctement chaque mot, même le dernier, la cuisinière conclut le plus simplement du monde :

— Moi, tout ça, voyez-vous, c'est des histoires de...

Le temps a passé.

Un soir, en se couchant...

« Voilà dix mois que je m'amuse bien. Je vais demain, sans crier gare, quitter ma troupe d'Opéra, sur un prétexte péremptoire, et revenir chez moi. J'ai appris des choses et j'ai, en outre, plus de mille francs dans ma poche, gages et pourboires.

« Je suis maître, à présent, de faire souffrir maman, avec ça, tant qu'il me plaira. Elle aura de quoi questionner, cette fois. « Où as-tu pris cet argent ? D'où viens-tu ? Qu'est-ce que tu as fait ? »

« Je la laisserai croire pendant un bout de temps que j'ai volé. Quand elle saura que ce n'est pas vrai, elle avalera plus facilement la vérité. Domestique !... Ça leur apprendra à me traiter en galopin ! Ça leur montrera que j'ai de la suite dans les idées, puisqu'ils me trouvent trop démocrate, anarchiste, comme dit maman. Ah ! ah !... Elle n'aura plus le temps de me demander : « À quoi penses-tu ? » Elle fera bien, car je crois que je la tuerais. Et si mes oncles veulent s'en mêler, on verra ! Ce n'est pas pour rien que, pendant ces dix mois humiliés, je me suis renforcé dans l'orgueilleuse habitude de la liberté intérieure... »

CHAPITRE III

Il s'étonna d'être parvenu jusqu'à la porte de la chambre sans avoir été vu par personne. À travers le parc encore sec, la fin de février avait déjà des douceurs qui faisaient chanter quelques oiseaux.

Essoufflé comme un écolier qui a trop couru, sans rien regarder il s'était précipité vers cette porte, vers cette chambre. À présent, il craignait d'entrer.

Depuis un peu plus de dix mois, il était sans nouvelles.

Il frappa. Ce fut plutôt pour s'accorder un répit que par courtoisie filiale. Comme on ne répondait pas, il eut peur et entra d'un bond.

Elle était couchée. Il avait cru plutôt la trouver dans son fauteuil, au coin du feu, comme elle avait accoutumé depuis la mort de ses fils à la guerre.

— Bonjour, maman !... cria sa voix railleuse.

La brute enfantine vivait encore tout entière en lui, nonobstant sa sagacité d'homme mûr, tellement surprenante chez un être aussi fougueux.

Aucune précaution pour cette mère cardiaque à qui son brusque retour pouvait faire tant de mal. Quand on déborde de santé, quand on n'a pas seize ans, quand on n'a jamais été malade, comment imaginer la fragilité d'un être chez lequel la souffrance morale s'est faite physique, un être dont le cœur, de toutes façons, est démoli ?

Il haletait encore de sa course à travers les allées, et aussi parce que l'émotion du retour, le plaisir de faire plaisir lui coupaient le souffle.

Il fit un grand pas vers le lit, de façon à se placer bien en lumière.

— Bonjour, maman !... répéta-t-il en riant.

Puis, surpris, il resta devant elle.

Elle était assise dans son lit, le menton tombé sur la camisole blanche, deux petites nattes grises sur ses épaules, son grand front découvert. Elle regardait son drap avec des yeux absorbés.

— Maman ?...

Il venait de se jeter à genoux pour chercher le regard de cette tête baissée qui ne se relevait pas.

— Qu'est-ce qu'il y a ? Vous êtes saisie ?... Non... C'est que vous m'en voulez ? Vous ne voulez pas me regarder ? Vous allez me bouder ? Pourquoi ?... Je n'ai rien fait de mal ! Je voulais vous intriguer, mais je ne peux pas. Alors je vous raconterai tout de suite. Ça me fait un plaisir de vous revoir, vous ne pouvez pas vous le figurer ! Tenez ! Voilà un billet de mille francs et trois billets de cent. C'est pour vous ! Je les ai gagnés !

Ils étaient à portée, dans sa poche, ces billets. Depuis le temps qu'il préparait son coup de théâtre !

Il chercha l'une des mains posées sur le lit, ouvrit les doigts sans résistance, y glissa les quatre papiers défraîchis. Puis il renversa la tête pour que ses yeux fussent de force dans ceux de sa mère. La raillerie oubliée, il souriait, d'un beau sourire de petit garçon auquel tout sera pardonné dans un instant.

— Maman ?

Pendante, étrangement vieillie, animée d'un mouvement régulier, la bouche de la malade semblait sucer indéfiniment le vide.

Il ne voulait pas ; mais, épouvantablement, il crut comprendre.

Il y avait des pas dans le couloir. Il les reconnut. Il ne se retourna pas quand la mère Hortense entra. Le sang retiré des veines, sans quitter des yeux ce qu'il contemplait :

— Mère Hortense... Qu'est-ce... Qu'est-ce que ça veut dire ?...

— Comment ! C'est vous ?... cria la vieille.

— C'est moi !... C'est moi !...

Toujours à genoux, il se tourna tout entier vers elle, béant et décoloré.

— Maman... Qu'est-ce qu'a maman ?

La bonne femme leva les bras et les yeux. Puis, retenue par une pudeur, n'osant le dire, elle se toucha le front du bout de l'index, et tout son être exprima silencieusement la vérité.

Sans cesser de fixer la servante, il se releva lentement et vint à elle.

— Allons par ici... chuchota-t-il très vite. Venez me dire...

Il l'entraîna dans le couloir aux carreaux coloriés. Sur le seuil, il se retourna vers le lit. Sa mère n'avait changé ni de pose ni de regard.

Il titubait. La vieille Hortense, dans le couloir, crut qu'il tombait évanoui.

— Asseyez-vous... Asseyez-vous sur le coffre, monsieur Irénée... je vais tout vous dire... Je ne sais pas si c'est quand elle a trouvé votre lettre, le jour où vous êtes parti, voilà bientôt un an. Pour vous dire le vrai, personne ne sait si elle l'a lue, votre lettre. Ces messieurs de Charvelles, vos oncles, ont dit que, si elle l'avait lue, on ne l'aurait pas retrouvée, votre lettre, où vous l'aviez mise. Où l'aviez-vous mise ? interrogea-t-elle brusquement.

Une voix blanche eut de la peine à répondre :

— Sur ma table de nuit, à côté du bougeoir !

— C'est bien ça !... C'est là qu'elle était, votre lettre, et dans l'enveloppe. Ces messieurs de Charvelles disent que, si elle l'avait lue, la lettre ne serait pas restée là ! Mais le soir de votre disparition, monsieur, comme je venais coucher madame, je l'ai trouvée sans connaissance par terre au milieu de sa chambre. Le médecin a expliqué à vos oncles à qui j'avais télégraphié tout de suite, le genre de mal que c'était. Ils voulaient la faire transporter tout de suite, mais M. le docteur a dit que non, qu'il fallait attendre. Et elle n'est jamais revenue depuis, monsieur. C'est-à-dire qu'elle est revenue comme vous la voyez. Mais elle n'a jamais plus dit mot ni regardé personne. Nous, on est habitué déjà. Mais vous, bien sûr...

Sa figure extrêmement ridée qui semblait, une fois pour toutes, avoir pris une expression unique, resta résignée et comme pour jamais abrutie par le travail. Debout en face du jeune maître assis, elle attendit, patiente, qu'il parlât à son tour. Voyant qu'il ne disait rien, elle continua :

— Vos oncles sont restés deux jours ici, puis ils sont repartis pour leur château. Ils m'avaient laissé cent francs. Il y en a un, M. Édouard, qui est revenu dernièrement. Il a vérifié mes comptes et il a dit qu'il ne fallait pas tant dépenser. Je fais attention, pourtant ! M. Édouard a dit qu'il allait voir à placer madame quelque part, mais qu'en attendant ça coûtait moins cher de la laisser là. C'est lui qui s'est arrangé avec le notaire pour toucher les rentes, et il m'envoie l'argent. Il a dit aussi que lui et M. Horace vous retrouveraient bien et que c'est eux qui se chargeraient de vous. Ils ont dit qu'ils ne pouvaient rien faire, ni vendre, ni louer tant que vous… Enfin, ce qu'il y a de sûr, c'est qu'ils sont allés fouiller partout et ont pris les clefs de tout. Ils croyaient peut-être que j'allais toucher à quelque chose, comme si j'étais une voleuse, depuis les années que je suis chez madame ! Mais c'est pour madame que je reste là. Quand on l'aura enlevée, je ne serai pas embarrassée pour me placer, que M. le Maire, en ville, cherche une bonne à tout faire et me demande tout le temps d'entrer chez lui. Tenez, pas plus tard qu'hier, il m'a rencontrée comme je revenais de courses, et…

— Quand vous allez faire des courses en ville, interrogea la voix toujours sans timbre mais soudain impérieuse, qu'est-ce qui garde maman ? Votre nièce vient-elle toujours comme avant, quand on a besoin d'elle ?

— Non, monsieur. Ces messieurs ont dit que c'était de la dépense inutile.

— Alors, qu'est-ce qui garde maman ? recommença-t-il, plus bref.

— Personne, monsieur !

Elle l'avait dit sur un ton si naturel qu'il retint son cri.

—Après ?… s'étrangla-t-il, le regard dur.

— Après, monsieur, c'est tout...

Au bout du long silence qui suivit :

— Faudra-t-il avertir ces messieurs de votre retour ?... demanda-t-elle.

Il l'enveloppa d'un éclat de ses yeux bleus.

— Non !

Il avait dit qu'il voulait être seul avec elle.

Il retourna s'agenouiller au chevet du lit. Les billets de banque étaient restés dans la main molle. Il prit de grandes précautions pour les retirer un à un. Comme il les remettait dans sa poche, un sanglot le déchira, si violent qu'il en fut lui-même saisi. Et, là-dessus, la malheureuse eut comme un tressaillement.

— Maman !

Un espoir inouï venait d'arrêter les pleurs du garçon. Il ne prit pas le temps de chercher son mouchoir. S'essuyant les yeux et le nez, comme un enfant, du revers de la main, il saisit sa mère par les épaules. Elle l'avait entendu. Son cœur n'était donc pas définitivement mort.

— Maman ?... cria-t-il encore une fois.

Et, certes, s'il restait en elle un dernier vestige de fibre maternelle, elle devait répondre à cet appel terrible.

La face contre la sienne, magnétique, la dévorant des yeux, toutes les énergies de son être concentrées :

— C'est moi ! C'est Irénée ! Vous me reconnaissez bien, dites ? Maman ?... Mais enfin, maman, vous n'êtes pas morte ! Vous respirez, vous êtes là, c'est vous ! Maman ! Mais regardez-moi donc !

Il s'aperçut qu'il la secouait, et s'arrêta. Il haletait, couvert de sueur. Pendant un moment, le poing sur la bouche, muet, il la considéra, les sourcils froncés. Il y avait de l'irritation, presque de la colère dans son attitude.

Nerveusement, il lui prit la tête à deux mains, cherchant ses yeux, ses yeux qui ne regardaient rien. Ainsi bousculée, il la vit faire une toute petite grimace de tout petit bébé qui va pleurer, peut-être.

Il serra les dents. Ce fut presque tout bas qu'il parla cette fois :

— Maman ! Écoutez ! Écoutez !... Il faut quand même que je vous raconte tout. Vous avez peut-être cru que j'étais parti pour faire des bêtises... Ils disent que vous n'avez pas lu ma lettre. Peut-être que vous l'avez lue ? L'avez-vous lue ? Avec un frisson, il la lâcha. La vieille bouche triste venait de rire aux anges.

Plus atterré que devant un cadavre, le fils, tant qu'elle dura, regarda cette chose. Puis, peu à peu, le pauvre visage retourna doucement à son imbécillité.

La tête lourde et basse fut reprise, avec grand soin cette fois, par deux mains peureuses.

— Étendez-vous sur l'oreiller, maman... Là... Vous vous fatiguez à rester toujours assise...

Quand elle fut allongée et la tête enfouie dans les blancheurs, il s'installa gentiment sur le bord du lit. Et, ne la quittant pas des yeux, immobile et muet, sans effort et sans bruit, il pleura.

De temps en temps, il hochait la tête. Il avait trouvé son mouchoir. Les larmes coulaient sur ses joues et presque dans sa bouche. À mesure, il essuyait cela.

On n'entendait rien dans la maison qu'un vague bruit venu de la cuisine, en bas, où la mère Hortense devait s'occuper. Un petit oiseau chantait encore dehors. Le soir hâtif allait bientôt tomber.

À un moment, Irénée se pencha. Non. Elle ne dormait pas. Ses petits yeux noirs, arrêtés sur le vide, étaient ceux d'un nouveau-né.

Le bruit de sa propre voix effraya l'adolescent. Les larmes le firent parler du nez, comme quand on a le rhume de cerveau.

— Maman... prononça-t-il aussi bas qu'il put, et sur le ton le plus déchirant, je vous en prie, une fois seulement, dites-moi : « À quoi penses-tu ? »

La mère Hortense dut lui toucher l'épaule. Tout en secouant de pitié la tête :

— Monsieur veut-il dîner ?... C'est prêt. Ça fera du bien à monsieur.

Il bondit sur elle. Elle crut qu'il allait la renverser.

— Allez-vous-en ! Je vous défends de me déranger ! Je ne veux pas dîner ! Je ne veux rien ! Je veux rester avec maman. Avec maman !

Petite ombre trapue reculée dans le fond, la vieille, effrayée, prit son temps avant d'oser parler. Mais enfin elle articula tout bas :

— Ce n'est pas possible que vous restiez tout seul à soigner madame, monsieur. Madame est redevenue comme un poulot. Il faudra bien, tout à l'heure, que je vienne l'arranger pour la nuit. Voilà son heure de manger, aussi...

Subitement, il se radoucit. Il venait de comprendre que sa mère n'avait plus que cette vieille femme pour prendre soin d'elle. Allait-il, comme toujours, lui faire du mal en apportant le trouble à son chevet ?

— Faites comme vous avez l'habitude de faire... dit-il d'un ton câlin.

— Alors, je vais apporter la lampe, reprit-elle, pleinement rassurée. Elle va prendre sa soupe et sa petite crème. Si ça vous fait plaisir de la faire manger vous-même, monsieur, je vous montrerai...

Et ces mots le firent longuement frissonner.

Il avait dû renoncer à garder la cuiller. Les larmes l'aveuglaient. Il laissa faire la mère Hortense. Celle-ci, d'instinct, parlait à maman, qui ne l'entendait pas, comme on parle aux bébés, petite voix bête, petits mots ridicules.

Quand le repas fut terminé :

— Maintenant, je vais la coucher ! Si monsieur veut attendre dans le couloir…

Par les petits carreaux coloriés, il regarda la nuit. Un peu de lune sous des nuages laissait distinguer quelques formes. Machinalement, il refit les gestes de son premier âge, et colla ses yeux tour à tour derrière chaque couleur. Quand on regardait de cette façon en plein jour, ici le paysage baignait dans l'indigo, là dans une fournaise rouge, là dans un soleil jaune. Les merveilles de l'enfance palpitaient encore dans ce couloir, lanterne magique, féerie, couleurs artificielles et paysages vrais.

Une horreur indécise, une nostalgie déchirante l'immobilisaient là, ce soir, tandis que son regard cherchait soigneusement les détails de chaque tableau de verre où remuaient les arbres nocturnes.

Nulle tristesse et nulle solitude ne seraient jamais plus grandes, tant qu'il vivrait, que la tristesse et la solitude de ces vingt minutes d'attente dans ce couloir sans lumière et glacé. Aucun enfant sans mère, livré à de froids parents, abandonné aux domestiques après d'heureuses années dorlotées, aucun orphelin revenant de l'enterrement de sa chérie ne serait, au monde, plus désespéré qu'il ne l'était, là, tandis que ses yeux distraits passaient ainsi du jaune au rouge et du rouge au bleu.

— C'est fini ! Monsieur peut venir !

La chambre était rangée, la malade étroitement bordée dans son lit bien propre. La veilleuse était allumée déjà dans son coin, quoique la lampe fût encore sur la table.

— Vous la soignez bien... dit-il. Je vous remercie, ma bonne mère Hortense.

Elle fit un court geste d'humilité, tout heureuse d'être complimentée. Puis elle demanda si vraiment il ne voulait pas dîner.

— Je ne pourrais pas... répondit-il doucement.

Elle sentait que c'était le moment de parler. Il s'était assis sur le bout du lit. Elle se rapprocha, croisa ses mains sur son tablier bleu. Sans le regarder, elle commença :

— Qu'est-ce que vous comptez faire, m'sieu Irénée ? Allez-vous rester chez nous, maintenant, ou bien allez-vous repartir ?

— Je ne sais pas...

— Bien... Mais vos oncles, s'ils reviennent ?

— J'entendrai bien leur auto. Je me cacherai.

— Mais ils peuvent rester deux ou trois jours !...

— Oh ! je m'arrangerai, n'ayez pas peur. Vous ne leur direz pas que je suis revenu, naturellement !

Les mains remuèrent sur le tablier bleu.

— C'est bien difficile, tout ça ! C'est qu'ici je suis responsable de tout, maintenant ! Et puis, continua-t-elle, embarrassée, ces messieurs sont très justes pour l'argent. M'sieu Irénée ne restera pas toujours sans manger…

Avec ménagement elle lui révélait qu'il était une bouche de trop dans la maison. Il se redressa.

— De l'argent ? Mais j'en ai ! Je vous en donnerai, soyez tranquille !

Elle le considérait, inquiète.

— Monsieur, on finira bien dans le pays par savoir que vous êtes là…

— Pourquoi ?… Je ne sortirai, si je sors, que la nuit, et seulement dans le parc.

Elle secoua la tête.

— Tout ça c'est pas des choses à faire. Si, un jour, on sait que je vous ai prêté la main ?…

— Eh bien ?… Est-ce que je fais du mal ? Je veux rester avec maman, c'est tout. Si mes oncles me savaient dans la maison, ils me remettraient au lycée, et…

— Et s'ils enlèvent madame, un de ces jours ?

Il retint un nouveau bond.

— Je la défendrai.

Sur ce mot, des drames parurent entrer dans la maison. Le front de la vieille fut barré par la méfiance, l'obstination, la désapprobation.

Pendant un moment, l'étrange petit psychologue l'observa. Ce qu'elle pensait, il le savait. Dès demain elle écrirait ou télégraphierait pour prévenir ses oncles. Il n'était qu'un enfant, et un enfant redoutable qui lui ferait avoir mille ennuis.

Il mit la main à sa poche. Il venait, pendant dix mois, de faire un stage au sein des plus ironiques réalités. Il connaissait, désormais, que la devise des temps actuels se résume en un seul mot : payer.

Un billet de cent francs parut au bout de ses doigts. Pour cent francs on a droit à un mouvement de bonne volonté.

— Tenez, mère Hortense. Ça, c'est pour vous. Vous l'avez bien gagné. Mais si !... Mais si !... Prenez ! Quant à mes intentions, je vous les fixerai plus clairement bientôt. Patientez seulement ce soir et demain. Voulez-vous ?

Encore une fois seul avec elle. La mère Hortense ronfle dans le cabinet attenant à la chambre. La lampe éteinte, il ne reste plus que la veilleuse dans un coin, par terre, comme dix mois plus tôt.

Maman dort, elle aussi. Penché sur elle, Irénée la regarde. Il peut s'imaginer que, tout à l'heure, elle va se réveiller et lui dire, comme la dernière fois. « Encore là ?... Mon pauvre enfant, tu ne pourrais pas aller te coucher ?... »

Elle ne dira plus jamais cela, plus jamais rien. Il voudrait être en pleine dispute avec elle, hérissé de tous ses nerfs et la sentant hérissée comme lui. Comme ils se détestaient bien tous deux ! On eût dit que du feu leur sortait des yeux, que des étincelles crépitaient au bout de leurs doigts. Le reste du temps ils n'avaient rien à se dire.

Maintenant, plus trace de nervosité sur le visage qui s'immobilise enfoui dans l'oreiller. Il est entré, ce visage dans un néant qui le repose enfin de tout, un néant vivant plus affreux que le vrai.

Pourtant, que c'est émouvant encore de voir respirer ce cou flétri ! La vie y bat régulièrement, juste à cette petite place blanche épargnée par les rides. Les paupières fermées donnent à ces traits toute leur beauté.

— Son grand front... pense Irénée, ses deux petites nattes grises... son beau nez... sa bouche, sa pauvre bouche triste...

Il se penche plus près. Il a pris la main pendante, et l'embrasse tout doucement, gardée contre ses lèvres. Elle ne s'éveillera pas, cette fois, pour le rabrouer. Elle est tranquille, elle est douce. Elle est à lui comme une toute petite fille qu'il garde.

Ses yeux s'écartent d'elle pour examiner la chambre où les ombres s'agitent constamment selon la petite flamme de la veilleuse. Les vieux meubles de la famille sont restés à la place où, toujours, il les a connus. Les rideaux démodés, usagés, cachent les fenêtres. Il y a de la noblesse et de la pauvreté dans chaque détail de l'ameublement ; et comme il est touchant le vieux papier à fleurs tout détérioré qui jamais ne fut changé depuis quarante ans !

« Pourquoi suis-je parti ? Comment ai-je pu abandonner maman que je ne devais plus revoir que privée de pensée, sans âme ? »

Il cherche, derrière son esprit d'analyse aiguë, à deviner quelle est cette fatalité qui l'a poussé, cette fatalité qui, toujours, il le sait, le jettera dans on ne sait quelles aventures. À cinq ans on l'appelait déjà original.

« Ce n'est pas de ma faute, je suis né comme ça. »

Une haine inouïe se lève dans son cœur. C'est contre ses oncles. C'est parce qu'il a eu peur d'eux et de leur lycée qu'il est parti. Ces dix mois de domesticité, certes, il ne les regrette pas ! Il s'arrangera pour que ses oncles, ce vieux veuf et ce vieux célibataire, paire d'égoïstes dans leur château, sachent que leur neveu fut valet comme un enfant de pauvres.

« Anarchiste ? » C'était le mot de maman. Non. Je ne crois pas. En révolte seulement contre une certaine race, la race de mes oncles. Et puis, je ne sais pas… Une espèce de soif d'humilité. Comme j'étais heureux dans mon sixième, ou bien dans la cuisine avec Albertine ! J'étais sans responsabilité comme un moine au couvent. Je n'avais qu'à obéir. Quelle délivrance ! En même temps, avec quelle avidité je cherchais, je cherchais à découvrir, au fond des êtres, la rédemption de leur atrocité ! Je découvrais de la grandeur et même de la poésie jusque dans une misérable cuisinière. Pourquoi ne pas chercher aussi cela dans les âmes noires de mes oncles ? Non ! Ils sont sans naïveté, sans ingénuité. Rien ne peut les sauver d'être les monstres froids qu'ils sont. C'est pour cela que je les hais, c'est pour cela que je préfère les gens du peuple, voire dans leur méchanceté simplifiée.

La dormeuse fit un mouvement. Il se remit à la contempler.

« Qu'est-ce qu'elle aurait dit, elle ? Elle était habituée à mes excentricités. Mais celle-là comblait la mesure. Être domestique, quel déshonneur ! Jamais elle n'aurait compris mes raisons. Cela ne m'aurait pas changé. De bonne heure j'ai pris mon parti d'être une énigme pour les miens, et de vivre à ma guise sans explication. »

Il se sentit envahi par son âme la plus autoritaire, agressif, insurgé. Brusquement, son exaltation tomba.

— Pauvre petite !... pensa-t-il. Il vaut mieux qu'elle n'ait rien su.

Il se sentit bien, assis à cette place, dans le clair-obscur, seul avec ses pensées. Il se disait que cette phase ne durerait pas longtemps. Ses oncles finiraient bien par le traquer de nouveau. Que deviendrait-il, alors ? Quitter sa mère ? Ils l'y forceraient d'une manière ou de l'autre. L'un d'eux était son tuteur. Il n'avait pas seize ans. Il ne pourrait rien contre eux.

Pour écarter la rage qui montait, il reprit la main pendante. Ce fut comme une berceuse chuchotée.

— Maman... Maman... Maman...

Il avait fini par la réveiller. Il s'en aperçut à ses yeux ouverts, à son vague sourire infantile. Ce fut alors plus fort que lui. La tenant aux épaules :

— Vous ne me voyez pas ?... Vous ne m'entendez pas ?... Dites-moi quelque chose !

Il était dévoré de passion, ne savait s'il l'aimait ou le contraire. Il avait envie de la tourmenter. Il la cherchait, la voulait pour lui seul. Ces mots entrecoupés, c'était encore une scène qu'il lui faisait. Il était jaloux de ses frères morts, avide de savoir des choses.

— Le médaillon d'Irène... Dites-moi où il est ? Dites-moi où il est !

Il se leva brusquement. Il y avait le petit secrétaire dans cet angle. Le ronflement de la mère Hortense était rassurant. Il alla doucement ouvrir un à un les tiroirs. Tous étaient vides. Les oncles avaient déjà tout pris.

La poitrine grondante, il resta debout au milieu de la chambre. Il y avait des histoires de notaire, des horreurs plein la maison. Les deux vieux richards pommadés et teints, dans leur château, parmi leurs terres, parmi leurs chasses, avaient-ils jamais fait un geste pour aider leur sœur ruinée par la guerre ? Maintenant ils étaient en train de la voler.

« Ce n'est même pas de l'argent familial. Mon père avait gagné ça dans ses industries du Nord. C'était sans doute, mon père, un type dans le genre de mes frères. Je ne me souviens plus de lui. J'étais trop petit. Mais, sans aucun doute, il avait tout du filateur enrichi, comme François et Marcel, ces tristes brutes. Encore une race à détester. »

Il secoua la tête dans une espèce de sanglot :

— Qui est-ce que j'aime ?

Non, il ne se tordit pas les bras. La malade venait de gémir. En deux enjambées, il fut près du lit. Il se coucha sur le drap, contre sa mère, chercha l'épaule, cacha sa tête, pleura de toute son âme.

L'aurore enfin le trouva dans la même pose, endormi de fatigue et de chagrin, comme un tout petit.

CHAPITRE IV

Voici le grenier. Irénée est au milieu, l'oreille encore tendue. Alerte ! La mère Hortense a cru, tout à l'heure, reconnaître sur la route le bruit connu du vieux tacot des messieurs de Charvelles.

Hortense s'est trompée. Mais Irénée est resté en haut. Dans ce grenier, il a retrouvé des choses de son enfance. Il y a des pliants cassés, une table de jardin tordue, les débris d'un cerf-volant. Il y a aussi beaucoup d'anciennes caisses d'emballage, quelques bottes de foin, des planches.

Il va furetant partout. La lucarne est large. On y voit presque aussi clair qu'en bas.

Il avance le bras vers ce coin mansardé, profond. Qu'est-ce que c'est ? Rien ? Une vieille malle un peu moisie. Il la tire pour avoir tout regardé, puis l'ouvre. Elle est pleine de papiers et de livres. Il se souvient. Il était encore petit. On avait vidé le bas de la bibliothèque pour y installer le grand Larousse, et maman avait fait mettre dans cette malle les volumes retirés, en même temps que tout un amas de vieilles revues et de vieux journaux.

Tout cela est là. Irénée prend au hasard. C'est la collection reliée du *Magasin Pittoresque*. Il s'approche de la lucarne pour regarder les images, gosse désœuvré. En bas maman dort, la mère Hortense est à la cuisine.

Longtemps il s'attarda, toujours avec l'intention de se lever pour retourner vers la malle. Le jour commençait à tomber quand il put enfin s'arracher. Il tâtonna pour trouver un nouveau bouquin. Ce qu'il amena lui fit hausser les épaules. *Roses de Jeunesse.* C'était un petit volume relié de peau, doré sur tranches, le livre de son aïeule, Irène de Charvelles, imprimé jadis par les soins de la famille, au temps où, jeune femme, la dame d'autrefois s'enorgueillissait si fort d'écrire des vers dans le style de M. de Lamartine.

Irénée avait entendu parler de cette vieille histoire par ses frères ironiques. Tout ce qu'il savait des siens venait de ses frères. Des bribes de généalogie, des fragments d'anecdotes, tout cela, rendu plus vague d'être passé par leurs cervelles insouciantes, restait confusément dans la mémoire du cadet, avec d'autres obscurités jamais approfondies. Il lui semblait se souvenir que le nom de la fameuse Irène, morte à quinze mois, lui avait été donné justement en mémoire d'Irène de Charvelles, auteur des *Roses de Jeunesse*.

« C'est donc d'elle aussi, pour finir, que je tiens mon nom d'Irénée... »

Un peu de curiosité l'engageait tout de même à feuilleter ces vers désuets. Il avait dû déjà les parcourir dans le temps.

Il prit sur lui de lire jusqu'au bout le poème choisi au hasard. Impatient, sa bouche moqueuse se relevait pour un petit rire de moderne, imbu de mallarmisme.

— Ce n'est pas possible d'aller jusqu'au bout !

Il fit voler les pages sous son pouce distrait. Pourquoi, somme toute, pourquoi maman ne lui avait-elle jamais parlé de ces choses que connaissaient ses frères ? Le médaillon d'Irène, pourquoi ne l'avait-il vu que par surprise, puisque ses frères le connaissaient si bien ?

Son questionnaire triste le tourmentait de nouveau. De toute évidence, maman avait toujours évité de le mettre au courant des souvenirs familiaux, comme si, du fait d'être né tant d'années après François et Marcel, il eût été le petit paria qu'on tient à l'écart du foyer.

« À l'écart !... se répéta-t-il, frappé comme par une révélation. C'est bien ça !... »

D'un geste de colère, il referma le livre de l'aïeule. Quelque papier dépassait des pages qu'il venait de bousculer. Il le tira. C'était une lettre toute jaune de temps, huit pages d'une petite écriture aux lignes serrées. Il regarda la signature : « Marguerite » ? Qui était Marguerite ? Il ne savait pas, ou ne se rappelait plus.

« Ma chère Marie,

« Vous m'avez demandé d'écrire la jolie légende de votre maison. Vous me prêtez des talents que je n'ai pas. Mais je suis trop heureuse de vous faire plaisir, ma chérie. Vous trouverez donc au verso ma petite élucubration. Vous mettrez cette légende dans le livre de votre grand'mère, sûre qu'elle sera bien cachée là, car ce n'est ni votre mari, ni le mien, ni Horace qui risqueront de la retrouver parmi ces vers qu'ils se garderont de relire, si tant est qu'ils les aient jamais lus, pas plus qu'ils ne liront jamais d'autres vers. Ils ont tous trois autre chose à faire, hélas ! J'entends d'ici, si jamais ceci leur tombait entre les mains, le gros ricanement de votre filateur et le petit rire pincé de vos deux frères. Édouard serait capable de me battre, ce qui serait très peu distingué, car il s'est mis en colère chaque fois que j'ai évoqué celle qu'ils appellent « la vieille toquée », *notre* Irène de Charvelles. Vous me permettrez ce mot, n'est-ce pas, puisque notre parenté par alliance à toutes deux est plus proche et plus tendre que celle du sang. Chère, chère Marie !... Mais je ne veux pas m'attendrir. Revenons plutôt à nos moutons.

« En l'espèce, les moutons sont plutôt des veaux, y compris vos deux aînés que vous appeliez si tristement (vous rappelez-vous ce soir fameux de nos premières confidences ?) « des petits étrangers ».

« Oui, des étrangers, d'après tout ce que j'ai vu d'eux, d'après tout ce que vous m'avez raconté. Heureusement, maintenant que la mignonne que nous aimions tant est revenue sous une autre forme. Car rien ne me retirera de l'idée que c'est elle qui reparaît en ce miraculeux petit Irénée, qui mérite si bien son nom par ses yeux. Comme Irène de Charvelles l'aurait aimé ! Quelle pièce de vers elle eût composée sur cet enfant !

« Non, ma chérie, ne craignez pas de trop l'aimer. Vos gros patapoufs, François et Marcel, ne s'apercevront même pas qu'il est le préféré. Pour le moment, rien de plus naturel qu'il soit le roi de la maison, puisqu'il est le baby toujours sur vos genoux, et eux des adolescents au collège. Plus tard... Ne pensons pas à plus tard. Celui-là seul est votre fils, vous le savez aussi bien que moi, et je n'ai nul besoin de prêcher à une convertie.

« Mais je babille et vous attendez la légende. Tournez la page et vous la trouverez.

« Je vous embrasse de tout mon cœur, ainsi que votre petit chéri.

« Votre belle-sœur qui vous aime,

« MARGUERITE. »

Les mains tremblantes, la respiration courte, il retourna la lettre, et poursuivit :

La Légende de la Sirène

M*me* Parlemont de Vergne, qui vivait sous le Premier Empire, racontait que, toute jeune mariée et enceinte depuis peu de mois, elle rêva, une nuit, qu'elle accouchait non d'un enfant, mais d'une sirène. Elle avait, dans son rêve, vu si distinctement les yeux de l'étrange nouveau-né qu'elle les eût dessinés et peints, disait-elle, comme d'après nature, si le ciel l'eût douée du talent nécessaire. Or, quand son enfant vint au monde, il se trouva que c'était une fille, laquelle, dès qu'elle eut ouvert les yeux, montra qu'ils étaient ceux-là mêmes que sa mère avait vus en rêve.

Ayant longtemps cherché quel nom donner à son enfant, M*me* Parlemont de Vergne finit par l'appeler Irène, en souvenir de la sirène apparue pendant son sommeil. D'Irène à Sirène, il ne manque qu'une lettre.

Irène de Vergne grandit, belle et séduisante, vraie sirène en effet ; et quand elle eut épousé M. de Charvelles, elle osa révéler qu'elle était poète. Son livre, Roses de Jeunesse, témoigne du talent qui était le sien, comme son grand portrait, actuellement en la possession d'Édouard de Charvelles, son petit-fils, montre à quel point elle dut fasciner ses admirateurs.

Elle mourut à soixante-quinze ans, toujours poète, et, malgré les ravages de l'âge, ayant gardé ses yeux qui lui venaient de l'Inconnu.

Son fils, Pierre de Charvelles, fort laid, à ce qu'on nous dit, eut de son mariage trois enfants, Édouard, Horace et

Marie, tous actuellement en vie. Des deux garçons, un seul, Édouard, se maria, mais n'eut pas d'enfants. Mais Marie, qui se destinait au couvent, ayant, sur les supplications de ses parents à demi ruinés, épousé, à vingt-huit ans, le riche filateur Derbos, roturier sans éducation, amoureux d'elle et sur tout de son blason, mit à son tour au monde, contre toute vraisemblance, une petite sirène aux yeux bleus qui ne ressemblait ni à son père ni à sa mère, mais bien à son arrière-grand'mère. Cette nouvelle Irène, du reste, ne vécut pas. On pouvait croire que le rêve de l'aïeule ne reparaîtrait plus jamais dans la famille, quand, après avoir eu deux garçons fort ordinaires qui ne faisaient qu'aggraver son deuil de mère inconsolable, Marie de Charvelles, épouse de M. Derbos, alors qu'elle avait plus de quarante ans, accoucha comme par miracle d'un petit garçon inattendu dont les yeux, pour la troisième fois, étaient, dans un visage différent, ceux mêmes de la sirène. Ne pouvant lui donner le nom prédestiné, sa mère le baptisa Irénée, envers et contre ses fils et son mari qui ne pouvaient admettre ses raisons.

> *Enfant délicieux,*
> *Cher petit Irénée,*
> *Toi dont les doux yeux bleus*
> *Sont ceux de ton aînée.*
>
> *Toi que tant ta mère aime,*
> *Sois à jamais béni.*
> *Tu nous rends aujourd'hui*
> *Les yeux de la sirène.*

(Pardon ! C'est la première fois que je fais des vers... et la dernière !)

Ainsi se poursuit de nos jours la légende de la maison. Héritier du beau rêve de l'ancêtre, le petit Irénée sera sans doute digne du nom qu'il porte, et nous verrons grandir en lui, par la grâce de Dieu, les charmes et les talents d'Irène de Charvelles. Ainsi soit-il.

Les mains retombèrent. Quel bouleversement ! Tout ce qu'Irénée découvrait dans cette lettre, dans cette légende, dans ces vers naïfs, allait à l'encontre de ce qu'il avait vu. Tant d'amour pour lui, tant de mépris pour ses frères ! Cette Marguerite, pourquoi ne l'avait-il pas connue ?

D'un geste d'enfant, il porta la vieille lettre à ses lèvres. Et comme il faisait cela, son cœur creva, son cœur gros de petit garçon rabroué. Il découvrit tout à coup qu'il avait toujours vécu plein de chagrin. Maman ne l'avait pas aimé, non ! Froide, distante, agressive, comme elle l'avait bien désespéré !

À travers ses larmes, il chercha, dans le jour douteux de l'heure, les passages qui l'avaient le plus étonné : « *Vos deux aînés que vous appeliez si tristement des petits étrangers.* » Puis : « *Non, ma chérie, ne craignez pas de trop l'aimer. François et Marcel ne s'apercevront même pas qu'il est le préféré.* » Puis : « *Celui-là seul est votre fils, vous le savez aussi bien que moi.* » Et encore : « *Après avoir eu* deux garçons fort ordinaires qui ne faisaient qu'aggraver son deuil de mère inconsolable... »

— Qu'est-ce que ça veut dire ?... dit-il tout haut.

Une lueur nouvelle éclairait sa vie. De tels commencements rendaient plus incompréhensibles encore l'attitude dont sa mère ne s'était jamais envers lui départie.

Il baissa profondément la tête.

— Je l'ai déçue...

Un remords horrible lui broyait le cœur. Il secoua sa tête révoltée :

— C'est de sa faute !

En y réfléchissant, il lui semblait qu'un tout petit signe de sa mère, un simple regard l'eût, dans son enfance, changé de fond en comble. Jamais elle ne lui avait fait sentir qu'à un moment il avait pu être *le préféré*. Toujours elle avait paru l'aimer moins que ses frères, et même ne pas l'aimer du tout.

Un mot aussi le plongeait dans des gouffres : *Marie, qui se destinait au couvent.*

Les prunelles dilatées, plus bleues dans l'ombre de ce grenier crépusculaire :

— Qu'est-ce que c'était donc que maman ?... se demanda-t-il, comme frappé de stupeur.

Là-dessus, il fut subitement pressé d'aller la revoir, vite la revoir dans son lit. Il remit avec soin la lettre dans le livre, enfonça le livre dans sa poche. Et le voilà qui dégringole les marches de l'échelle de meunier par où l'on redescend du grenier.

La mère Hortense était près d'elle, la préparant pour son dîner. La lampe était allumée, la soupe fumait sur la table.

— Monsieur m'a fait peur !... sursauta la vieille servante.

Et, tranquillement, elle ajouta :

— Je ne savais pas où était monsieur. Je pensais que vous étiez reparti, m'sieu Irénée. Cependant, j'ai mis votre couvert là, comme à midi.

En s'asseyant au pied du lit, les yeux dardés sur la figure anéantie de sa mère, il demanda sans tourner la tête :

— Mère Hortense, dites-moi ! Depuis combien de temps servez-vous chez nous ?

— Monsieur, voilà bientôt vingt-trois ans que je connais la famille. Je n'ai pas toujours été bonne ici, mais, plus ou moins, j'aidais dans la maison.

— Vingt-trois ans !... Alors vous avez connu tout le monde ! Mon père... mes tantes...

— Mais oui, monsieur !... (Je demande pardon à monsieur, parce qu'il faut que je m'approche pour faire manger madame.) J'ai connu tout le monde, bien sûr !

— Comment était mon père ?

— Oh ! un bel homme, monsieur !

— J'avais quel âge quand il est mort ? Deux ou trois ans, je crois ?

— Oui. Trois ans.

Elle n'était pas expansive, habituée, eût-on dit, à tenir sa langue. Mais les cent francs de pourboire qu'il lui avait donnés dataient d'hier. La sentant encore plus émue, il ne craignait pas de la pousser. Pleine des secrets de la famille, n'était-ce pas le seul être qui pût lui répondre, à présent ?

— Et ma tante Marguerite ?... avança-t-il bravement, vous l'avez connue ?

— Oh ! oui, monsieur, je crois bien !

— Comment était-elle ?

— C'était une bien charmante dame, monsieur !

— Elle était jolie ? Grande ? Petite ? Brune ?... Blonde ? Racontez-moi !

— Elle était mince comme un fil, monsieur, grande, toujours pâle, avec des grands yeux noirs et des cheveux noirs. Elle était toujours habillée en noir aussi. Je vous parle de son jeune temps. Elle était bien jolie. Après, la pauvre dame en avait perdu beaucoup.

— Quel âge avait-elle quand je suis né ?

— Elle devait approcher de cinquante ans, monsieur !

— Elle est morte, n'est-ce pas ?... (Sa voix avait tremblé.) Mon oncle Édouard est bien veuf et non pas divorcé ?

— Oh ! oui, monsieur ; elle est morte, il y a longtemps ! On ne divorce pas dans la famille de Charvelles, ajouta-t-elle d'un air désapprobateur.

— De quoi est-elle morte ?

— Nous n'avons pas bien su, monsieur. M. Édouard de Charvelles et M. Derbos, dans le moment, étaient fâchés. Trois ou quatre ans après la mort de M. Derbos, votre oncle, M. Édouard, s'est remis avec votre mère, et il a dit que Mme Édouard était morte d'une langueur. Elle était sans doute poitrinaire.

— Ah ! Oui !... Alors ils étaient fâchés. Mais maman et ma tante s'aimaient toujours bien, n'est-ce pas ?...

La cuiller en suspens, elle le regarda ; puis, levant les yeux au ciel :

— Deux sœurs, autant dire !

— Et elles étaient séparées ?... Non ! elles se voyaient toujours, n'est-ce pas, malgré la brouille ?

Hortense regarda par terre d'un air faux.

— Oh ! non, monsieur !... Ce n'était pas possible avec le caractère de ces messieurs !

— Ah ! ah !... Alors ma tante ne venait jamais plus ici ?... Elle avait cessé de me connaître, par conséquent.

— Oui, monsieur.

— Elle avait cessé de me connaître !... répéta-t-il tristement.

Il passa la main sur ses yeux où brûlaient de nouvelles larmes, fit un effort, et poursuivit, à bout de questions :

— Racontez-moi ce que vous savez de la famille, mère Hortense, voulez-vous ?...

Elle ne cessa pas de lui tourner le dos, penchée sur la malade. Cependant, il comprit que cet esprit se refermait comme un cadenas à secret.

— Je ne sais rien de plus sur la famille que ce que monsieur connaît lui-même. Ces dames et ces messieurs n'avaient pas l'habitude de faire voir à tout le monde ce qui se passait entre eux.

— Il se passait des choses, tout de même, Hortense, hein ? Vous ne voulez pas dire tout ce que vous savez !

— Je vous répète que je ne sais rien, m'sieu Irénée. Je ne suis qu'une pauvre bonne. Les affaires de la famille ne me regardaient pas.

Il ouvrit la bouche pour parler, mais ne dit plus un mot. Il sentait l'ombre de ses oncles dans la maison. Ils étaient les maîtres, maintenant, et lui, plus que jamais, l'enfant terrible dont il fallait avant tout se méfier.

« C'est bien !... » murmura-t-il en se contenant. Puis il se leva.

— Le dîner de maman est fini. Je vais dîner à mon tour. Après, vous l'arrangerez, et je reviendrai coucher près d'elle, comme hier. Mais vous me mettrez par terre le matelas dont vous m'avez parlé.

CHAPITRE V

Au premier signe du jour derrière les rideaux, il se leva sans bruit et descendit dans le parc. La mère Hortense dormait encore, et ne l'entendit pas.

Depuis trois jours qu'il était arrivé, l'insomnie le tenait comme une fièvre. Il ne sentit qu'à peine le froid de cette aube brodée de gelée blanche. Ce qu'il sentit plutôt ce fut l'annonce du printemps, exprimée par on ne sait quoi qui passait dans l'air. Les oiseaux subissaient comme lui le charme. Quelques-uns, faiblement, chantaient.

Il allait par ces paysages. Pendant que ses yeux s'amusaient à des petits détails de la nature, son âme était perdue, désolée.

Il précisait qu'entre deux herbes se balançait, menue merveille, cette toile d'araignée emperlée de gouttes, un vrai travail d'art. Mais il ne déchiffrait rien de lui-même, ne sachant que choisir dans le chaos de ses pensées. Il était malheureux, rien de plus. Malheureux et rebelle.

Continuer longtemps à vivre caché dans la maison, à contempler pendant des heures le spectacle hallucinant de sa mère détruite ? L'argent qu'il avait gagné ne durerait pas plus de quelques mois. Il deviendrait bientôt la bouche inutile, l'intrus regardé de travers par la vieille servante désobligée. Elle le vendrait. Ses oncles viendraient le prendre. L'un d'eux était son tuteur. Il avait le droit de le remettre au lycée ou de le garder dans son château, jeune bête capturée qui rugit en cage.

Une force formidable d'action grondait en lui. L'inconnu s'ouvrait devant son indépendance frémissante. Pendant un instant, il goûta la joie forcenée de se sentir si jeune, ridiculement jeune, et si seul, désespérément seul.

Il s'aperçut que, traversant la prairie, il serrait les poings.

Il vit de loin que la maison avait ouvert les yeux. Les Persiennes de maman, les volets de la cuisine étaient poussés. Hortense était levée. « Je vais me faire pincer par quelque paysan !... pensa-t-il. Si quelqu'un me voit, je suis perdu. »

Là-dessus il se mit à courir, léger comme un tout petit garçon, refrénant son envie de faire la roue. Il savait où se cacher. C'était dans le fourré sauvage où le vieux cheval de plâtre, debout sur son socle, piaffait, levant haut l'une de ses jambes de devant à moitié démolie. Il avait dû jadis être monté par un cavalier de plâtre comme lui, disparu sans qu'on sût pourquoi.

Irénée, blotti, laissa le vieil enchantement agir. Ce fut dans ce coin, ce refuge de toutes ses rêveries enfantines, que, brusquement, il fit face à l'avenir comme on regarderait un ennemi dans les yeux. Il traduisit la scène muette par un mot bien simple :

— Maintenant, il faut que je me débrouille !

Et, soudain, cette petite question le foudroya :

— Et maman ?

L'abandonner à ses oncles avares, au bon vouloir de la mère Hortense qui, lorsque les deux grippe-sous s'aviseraient de réduire encore les dépenses, ce qui ne manquerait pas d'arriver, quitterait son vieux nourrisson pour aller tout droit se placer chez le maire ? Qu'est-ce qu'on en ferait alors ? Dans quel asile innommable irait-elle échouer, pauvre innocente ?

Il sentit à quel point elle était orpheline. Orpheline de ses deux fils tués à la guerre, qui l'eussent prise chez eux et soignée, orpheline aussi de son intelligence sombrée.

Un étrange sentiment lui naissait, continuant des impressions précédentes, celui d'être le frère aîné, le seul soutien d'une espèce de toute petite fille.

Comment la défendre ?

« Ce n'est pas en restant assis au bout de son lit jour et nuit, certainement ! Du reste, j'ai déjà compris que cette phase-là, d'aucune façon, ne pouvait se prolonger. Alors ?... »

Appuyé contre le vieux cheval verdi, longtemps, il resta sur ce mot :

— Alors ?

Dans son angoisse, il arrachait sans le savoir, le long du socle envahi, de petits morceaux de mousse, et les tordait dans ses doigts tourmentés. Sa propre haleine apparaissait à chaque respiration, dans l'air froid, sous forme de légère vapeur, témoin de la vie brûlante qui chauffe au dedans de nous. Un peu de soleil traversait la brume. Les clinquants de l'hiver finissant scintillaient gaiement partout.

Une envie furieuse d'être heureux souleva la poitrine du jeune garçon. Pourquoi, quelquefois, a-t-on de ces bondissements devant les misères de la vie, puisqu'il est impossible d'en rejeter l'exaspérant fardeau ?

Il baissa la tête, écrasé. Son regard tomba sur ses mains qui, toujours déchiraient des bouts de mousse. Elles étaient bleues de froid.

— Voilà !... pensa-t-il amèrement. Je vais aller me réchauffer les doigts au fourneau d'Hortense. C'est un bonheur, ça, n'est-ce pas ? C'est bien une petite chose qui me fera un peu plaisir ?

Comme il apparaissait à la porte de la cuisine :

— Enfin, vous voilà, M'sieu Irénée ! J'ai une dépêche de nos Messieurs. Ils arrivent cet après-midi. J'aurais pas dû vous le dire, mais vous m'avez fait une douceur, ces jours. Je vous devais bien la pareille. Si vous ne voulez pas les voir, ma foi, ni vu ni connu. Je dirai que je ne sais pas où vous êtes passé.

« Elle m'a vendu !... devina-t-il, mais elle a la loyauté de me prévenir. Comme j'ai bien fait de lui donner ces cent francs ! »

— Écoutez-moi bien, Hortense. Voilà mon dernier repas ici. Vous me donnerez, en plus, un bon morceau de pain pour manger dans le train. J'ai une place à Paris, dans un bureau. Je gagne assez bien ma vie. Tous les mois, je vous enverrai de l'argent pour maman. Vous ne le direz pas à mes oncles et vous continuerez à la soigner ici, chez elle. Il y aura cinquante francs spécialement destinés à payer votre nièce pour l'heure qu'elle passe à son chevet pendant que vous faites les courses. Je ne veux pas qu'elle reste seule une minute. Vous aurez mon adresse poste restante. Vous me donnerez de temps en temps des nouvelles. Moi, je viendrai quand je pourrai, en cachette, pour voir si tout va bien.

Il sortit de sa poche quatre billets de cent francs.

— Voilà, mère Hortense. Prenez ! C'est pour maman et vous, en attendant que j'en renvoie d'autres.

Sans s'attarder à ce qu'elle répondait, il retourna vers sa mère. Elle était éveillée, les yeux dans le vide. Il se pressa pour l'embrasser, ayant hâte d'être loin. Il y eut une espèce de mépris, de la rancune et de la pitié dans son baiser. Les deux joues molles cédèrent tout à tour sous ses lèvres. Il s'en allait vite. Et revint d'un pas bien brusque pour embrasser aussi le front pâle entre les deux bandeaux gris, achevés en nattes sur les épaules. Et, comme il se redressait pour serrer les mains de la mère Hortense qu'il avait oubliée, il vit qu'avec le coin de son tablier bleu, silencieuse, celle-ci s'essuyait les yeux.

— Tiens ! Jules !... cria la concierge. Par exemple !

Et déjà, dans ses yeux excités, tous les potins de l'immeuble s'annonçaient.

— Madame ?... demanda-t-il vite. Elle est ici ?... Elle m'a remplacé ?...

— C'est-il que vous voulez rentrer ? Je vous croyais retourné au pays ?

— Oui, j'y suis retourné. Mais j'ai pu arranger les affaires, et je reviens. Y a-t-il cinq jours que je suis parti ?

— Je ne sais pas, mais je sais que vous êtes remplacé. Oui, et par quelque chose de propre ! Un Annamite, qu'ils appellent ça. C'est une andouille de Chinois qui a l'air d'un singe et qui fait tourner les sangs au monde. Mais il paraît que ça sait très bien servir, ces Peaux-Rouges-là !

— Ah !... faisait-il, ah !... car il était tout de même assez consterné.

— Et Albertine ?... demanda-t-il enfin. Comment va-t-elle ?

Un instant après, assis en face de la concierge, un verre à la main, il se remettait dans le rythme de la domesticité.

*
* *

Quand il eut pris connaissance de cette petite chambre, dans ce petit hôtel, il s'en fut dîner dans un restaurant de chauffeurs qu'il connaissait, l'un de ces réduits pour gros peuple où s'affirme le raffinement de la gourmandise française, là où les étrangers, mieux que dans les cabarets à la mode, pourraient apprendre à quel point notre race a le bec fin, comme on dit.

Après ce dîner dans ce coin, ne sachant que faire, entraîné à l'insomnie, labouré par ses pensées, il erra dans les rues. L'idée lui vint d'aller voir Albertine. Mais elle devait être déjà sortie, enfouie dans les ombres de quelque cinéma, son amour à ses côtés. « Si je savais dans lequel, je la rejoindrais. Je saurais par elle s'il y a quelque espoir de reprendre ma place. »

Ses pas hésitaient le long de l'asphalte, sous les trente-six chandelles de Paris nocturne. Alors il renoua le fil du rêve interrompu le matin, dans le parc, au pied du cheval de plâtre.

« Nous prenons un taxi. Elle a sa belle fourrure. Nous allons entendre jouer… Nous allons entendre jouer… Qu'est-ce que nous allons entendre jouer ? Ça lui fait plaisir. Elle me regarde d'un petit air aimable… »

Voilà. Ses yeux qui rêvaient se relevèrent.

Dans la vaste avenue noire qu'il suivait au hasard, un flamboiement rouge venait de l'arrêter. Aller au cirque, comme cela tout seul ? Pourquoi pas ?

— Allons !… pensa-t-il en entrant, un peu honteux. Nous devions aller au concert, mais, ce soir, c'est elle qui se sacrifie pour moi…

Le spectacle était commencé depuis un long moment. Lorsque enfin il eut gagné sa place, tout en haut, une femme habillée en Japonaise se promenait sur la corde raide, une ombrelle à la main.

Avec des narines d'enfant, il huma la délicieuse odeur des cirques, où domine la sueur de cheval unie à quelque sauvage relent de ménagerie. L'orchestre sautillant animait la danseuse aérienne. Le public, mille petites faces roses dans une immensité toute bleue, les lumières en rond, les gréements compliqués tombant de haut, le velours des loges, les garçons en livrée groupés près du rideau mystérieux par lequel entrent et sortent les numéros, tout concordait à créer l'atmosphère enivrante qui, dans les cervelles du bas âge, demeure la merveille des merveilles.

Un élan soulevait maintenant Irénée Derbos, exactement pareil à ceux qu'il avait eus au temps de ses grosses boucles. Entrer par ces rideaux dans la piste, apparaître en costume scintillant, saluer, commencer quelque tour étourdissant… Quelle vie ! Quelle belle vie ! « J'espère bien qu'il va y avoir des chevaux… », se dit-il.

Après l'entr'acte, il y eut des chevaux, certes ! C'était la pièce de résistance, l'attraction pour laquelle le cirque, tout à coup, achevait de se remplir.

L'adolescent lut par-dessus l'épaule de quelqu'un sur le programme : *Johny John et ses chevaux sauvages. Scènes de la vie des Cow-Boys.*

Un frisson d'attente courut. La musique de l'orchestre changea. Les rideaux s'écartèrent. Sur un petit cheval furieux bondit jusqu'au milieu de la piste un gaillard assez gros, en costume du Texas, large feutre gris, foulard, rouge, pantalon de cuir frangé de lanières. Derrière lui parut un second cavalier maigre et noir. Le premier mit pied à terre, développa son lasso. Le numéro sensationnel était commencé.

Les jeux du lasso se continuèrent, sans musique, par une scène qui fit crier les femmes et se lever en désordre tout le premier rang. Amené sur la piste, attaché au pourtour, un cheval sauvage devait être sellé par le cavalier maigre, tandis que le gros, remonté sur sa bête, excitait du geste et de la voix son malheureux compagnon.

Chaque fois que celui-ci, la lourde selle aux mains, s'approchait du cheval, le cheval, dressé tout debout, puis ruant, poussant ces cris de fauve que les chevaux ne jettent que dans la terreur ou la fureur, faisait voler en l'air, tout à tour, la selle et l'homme. Roulé, frappé, piétiné par les sabots, l'homme se relevait et recommençait sa tentative impossible, au milieu des clameurs du public.

Pas un instant le cheval ne cessait de se démener, cabré à se renverser, ou bien la tête entre les jambes de devant, envoyant des coups de tous les côtés ; et pas un instant il ne cessait de crier.

L'autre gros, sur sa monture, galopait en tous sens et hurlait des encouragements.

Au bout de dix minutes d'une si effrayante bataille, la selle mexicaine était enfin sur le dos de l'énergumène. Le misérable garçon l'enfourchait, et dans un galop chaotique, mêlé de bonds, de ruades et de hennissements déchirants, disparaissait par les rideaux écartés, alors que le gros tirait une succession de coups de revolver.

Dans son enthousiasme, Irénée se leva, sans curiosité pour la suite du programme, et descendit quatre à quatre les escaliers. Il voulait voir de près, si c'était possible, ces gens-là, ces chevaux-là. C'était la première fois qu'il n'y avait pas près de lui quelqu'un pour lui demander de rester tranquillement à sa place.

Du côté des écuries où il pénétra sans rien demander à personne, il aperçut l'un des cow-boys, le gros, parlant avec un visiteur, en un anglais sauvage, non sans avoir l'air de se moquer du monde, et, du reste, ne cessant pas de mâcher un de ces bonbons de résine qui ne s'avalent pas.

La sueur coulait sur ses tempes. Il avait ôté son large feutre, et ses petites boucles étaient rondes comme des raisins noirs. Des yeux trop clairs, pleins d'alcool, une longue face rasée, un menton violent, une bouche mince aux dents gâtées, tous ses traits marquaient l'énergie brutale avec on ne sait quoi de parfaitement candide. Très grand, le ventre déjà proéminent, il était encore tout essoufflé.

Déconcerté par son parler, le visiteur, quelque journaliste, s'éloigna vite. Irénée fut heureux de savoir parler l'anglais. Il l'aborda de front :

— What a splendid performance !... s'écria-t-il avec chaleur.

L'autre le dévisagea, mais sans lui répondre.

— Je suis cavalier, continua puérilement Irénée, toujours en anglais.

Le cow-boy nasilla. Le *slang* américain, qui était la seule langue qu'il parlât, fût à peine compréhensible.

— Je veux quelqu'un qui me fasse boire, maintenant !... dit-il. Je m'ennuie. Je voudrais aussi être aimé par une femme, ce soir.

— Je peux toujours vous offrir à boire !... répondit Irénée, les yeux brillants.

Et, sans plus de façons :

— Alors, allons dehors... Il y a le nécessaire à côté, dans la rue. Vous me ferez boire, et moi je vous ferai boire, chacun son tour.

— Let us go ! ... dit Irénée, sans hésiter.

Son impulsion naturelle, pour une fois, était immédiatement satisfaite. En pénétrant chez le marchand de vins qui saluait Johny John comme un habitué, le cœur battant, il sentit que, ce soir, contre toute attente, il allait s'amuser formidablement.

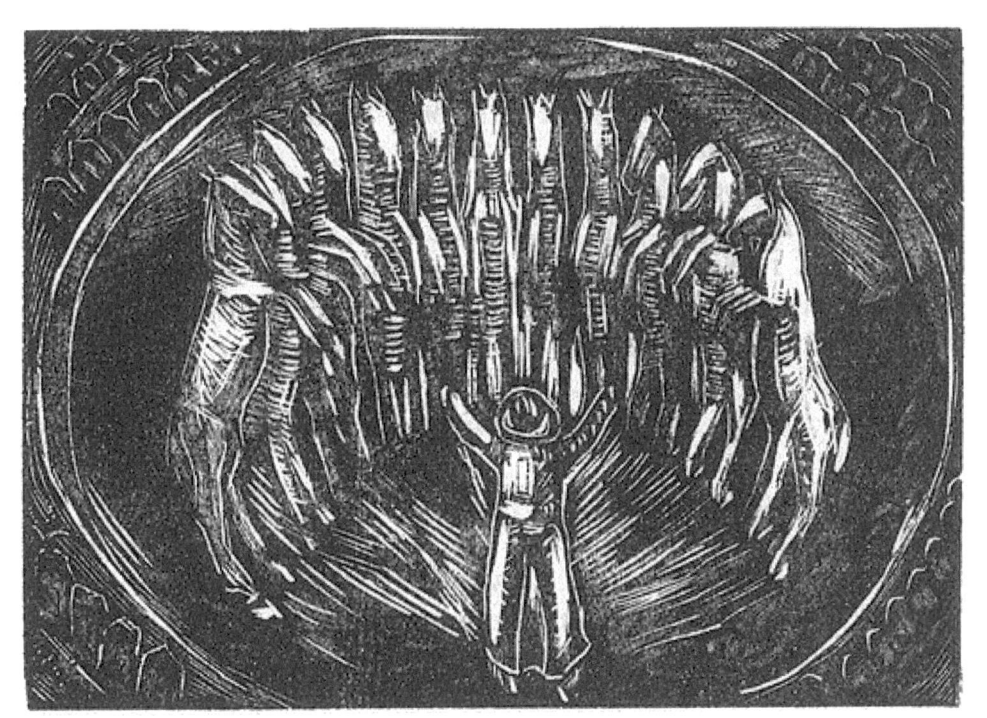

CHAPITRE VI

Dans son anglais argotique, Johny John, fermant à demi ses yeux saouls :

— Voilà, puisque ça vous intéresse, lad, et puisque, pour une fois, je trouve quelqu'un qui me comprend dans ce maudit Paris ! Well : J'étais tout petit, à l'école, dans mon pays. Le maître est arrivé sur son cheval qu'il avait laissé, comme d'habitude, attaché dehors. C'était au printemps, vous comprenez ! La leçon m'ennuyait. Avant que personne n'ait pu pousser un mot, j'ai sauté par la fenêtre ouverte et atteint le cheval. Moi, je ne sais à quel âge j'ai commencé à monter, naturellement ! J'ai enfourché cette damnée bête. Me voilà au galop dans la nature. Jamais je n'oublierai cette partie ! Mais quand je suis rentré chez moi, le scandale avait éclaté. Mon père m'a montré la porte et m'a dit : « Sortez, sir ! Vous rentrerez quand vous aurez réfléchi. » C'était la porte de la ferme où j'étais né. Je n'avais pas dix ans. Mais quand je l'ai passée, j'ai su que c'était pour la dernière fois. Mon père ne m'a jamais revu.

— C'est beau !… C'est beau !… cria Irénée à voix si haute que le patron vint le prier de faire attention.

Il était ivre de tout ce qu'il avait bu, ivre d'enthousiasme, de nouveauté, ivre d'insomnie continuée encore après ses nuits désespérées chez sa mère. Savait-il présentement qu'il avait une mère ? Il oubliait sa propre histoire, ne connaissait que celle de l'autre, le fascinant autre au foulard rouge et au feutre gris.

— Racontez encore !

— Ah ! vous serez obligé de rire ! À Berlin, à ma première représentation, mon cheval était si bien lancé que, lui et moi, nous avons, pour commencer, sauté dans la loge d'honneur, au beau milieu des gens du high-life ! Je n'étais pas encore civilisé, vous savez !

Il donna sur la table un grand coup de poing, puis poussa son feutre en arrière.

— Je voudrais bien travailler avec vous ! dit Irénée, la face tendue. Je ferais des choses comme ça, moi !

Johny John regardait ailleurs, subitement désintéressé de tout. Il mâchonna sa gomme et demanda, parfaitement indifférent :

— Qui êtes-vous, garçon ?

Cette question venait bien tard, somme toute.

— Écoutez !..., reprit Irénée. Je suis un fils de famille qui a mal tourné. Justement j'ai besoin de gagner ma vie... et celle d'une autre.

— Ah ! ah !... Vous, maudit petit Français !

Un instant interdit par cette méprise, Irénée n'insista pas là-dessus.

— Voulez-vous essayer de me prendre dans votre troupe ? Je ne crains rien à cheval. J'en ai toujours fait... tout petit... Comme vous... À dix ans, j'étais un voltigeur hors ligne.

— Ma troupe, boy, c'est moi. Il y a aussi Dick, que vous avez vu. Mais ça, ce n'est pas un homme.

— C'est celui qui selle le terrible cheval ?

— C'est.

— Il est courageux, par exemple !

Le grand sauvage haussa les épaules avec une grimace. Puis il se mit à rêver, complètement détaché de la conversation.

— Vous n'avez pas besoin d'un garçon à tout casser, un fou, un type qui apprendrait tous les tours en un rien de temps, qui se passionnerait pour cette vie-là, qui obéirait à tous les ordres et qui aurait de l'initiative, un orphelin qui ne laisse rien derrière lui que des morts — moi ?

Johny John regardait le plafond en fumant et mâchonnant. Il sifflota pendant une minute au moins, cracha par terre, et dit enfin, mollement, sans quitter des yeux le plafond :

— Vous voulez venir demain matin au cirque, avant neuf heures, exactement avant neuf heures ?... Si vous n'avez pas peur de ce que je vous demanderai de faire, je vous prends. Il faudrait savoir le numéro en huit jours. Vingt francs par soirée ou matinée ; et votre costume, naturellement.

Les prunelles élargies, le petit resta d'abord muet. Le regard du cow-boy descendit du plafond lentement, puis se posa, sans couleur, absolument fixe. Irénée reçut cela droit dans les yeux.

— Je viendrai demain, dit-il, avant neuf heures.

— All right !

Tous deux, sans savoir pourquoi, s'étaient levés ensemble. Seul, Irénée titubait.

— Au revoir !... dit l'homme en tendant la main.

À la porte du cirque il hésita longtemps, ne trouvant pas l'entrée des artistes. Il franchit enfin la loge d'une concierge qui ne le regarda pas. Il aimait mieux ne rien demander, par peur d'être éconduit. Il chercha tout seul, passa dans une cour devant des cages où grommelaient des ours, poussa quelques portes vitrées, reconnut l'odeur excitante du cirque, tourna, sans rencontrer personne, dans un hall obscur, écarta de lourds rideaux et retint un cri.

Debout, au milieu de la piste, Johny John, la chambrière à la main, était entouré par douze chevaux en liberté. Une bride courte fixée sur le dos maintenait chacun d'eux au rassemblé. Les plus jeunes, encore, inexpérimentés, essayaient quelques défenses, aussitôt punies par un large coup de fouet accompagné de jurons. Du reste, le cheval coupable était appelé par son nom et semblait fort bien savoir que tant de gros mots anglais s'adressaient à lui seul.

Dans tout le cirque vide, deux silhouettes perdues s'attardaient là-bas à regarder. Johny John semblait de fort mauvaise humeur. Devant lui, sur un signe du fouet, les douze chevaux frémissants vinrent se ranger. Il leva les mains, et les douze se cabrèrent, vingt-quatre sabots dirigés vers sa tête. Du geste, il maintenait debout sa douzaine, invectivant contre celui-ci, foudroyant cet autre d'un regard furieux. Brusquement, la forêt de jambes luisantes retomba. C'était fini. Par les rideaux écartés, les chevaux s'engouffrèrent.

Irénée fit un pas.

— Dick !... appela rudement Johny John, resté sur la piste.

Et le garçon maigre et noir fit son apparition, tout apparat nocturne disparu, vêtu comme un ouvrier malpropre.

La tête dans les épaules, le front bas, il s'avançait vers son maître. Et toute sa personne tremblait d'obéissance. D'étranges yeux noirs où le blanc étincelait, où le regard se fanatisait vite, un visage osseux et foncé, des cheveux plats et huileux d'Asiatique, tout en lui révélait l'étranger venu de plus loin que l'Europe.

Il s'arrêta, chien qui attend un ordre.

— Où est le cheval, imbécile ?... s'emporta l'autre.

Et Dick se mit à courir vers les rideaux.

N'osant signaler sa présence, Irénée, palpitant, regardait. Au bout d'un moment, entre les deux rideaux restés écartés, l'esclave triste reparut, monté sur une bête haute et qui semblait efflanquée. Une curieuse petite selle, sorte de coussin de cuir, se juchait dessus.

Johny John ramassa sa chambrière. À ce mouvement, le cheval se mit de lui-même au galop, sauvagement. Et, sans cesser de garder son air morne, Dick commença sur sa selle une série d'acrobaties. Il se mettait tout debout sur le cuir glissant, puis se laissait tomber à la renverse, la tête sur la queue du cheval, puis, redressé, se laissait pendre à droite, à gauche.

— Plus bas !... cria le maître en allongeant un coup de fouet.

Cinglé, le garçon, une jambe accrochée dans le harnais, fit tomber tout son corps. Ses mains traînèrent sur le tapis épais de la piste. Entre les quatre pieds du cheval emporté, pendant trois tours, il ne fut qu'un lambeau pendant.

— Up !... ordonna Johny John.

Et, dans un effort désespéré, la loque humaine se ramassa en boule. Un coup de reins remit le cavalier en selle.

Irénée, pâle, retenait des cris d'admiration.

— Ce n'est pas sans peine !... constata Johny John avec un rire de dédain, tandis que le cheval se remettait au pas. Maintenant, recommencez avec le revolver !

Il tira le revolver de sa poche, et le jeta dans les mains tendues de Dick. Aussitôt l'exercice recommença. Mais quand vint le moment de traîner sur le tapis, tout en zigzaguant entre les sabots au galop, Dick déchargea l'arme dans tous les sens.

Une fois encore redressé, sans attendre que le cheval fût au pas, il sauta à terre. La séance était terminée. Irénée le vit s'avancer, sa tête dans les épaules, vers Johny John. Il ne prononça pas une parole. Arrêté, levant vers lui des yeux misérables, il lui montra simplement, d'un geste lent, très humble, très éloquent, ses deux pauvres paumes qui saignaient, écorchées par la brosse du tapis.

Ce fut tout juste s'il ne reçut pas un coup de pied.

— Well ! Qu'est-ce que vous voulez que j'y fasse, vous, chien ? Mettez des gants !

Et la pauvre créature s'en alla, triste, avec cette réponse.

Irénée se demandait : « Qu'est-ce que je fais ici ? Voilà huit heures et demie. Il ne m'a même pas vu ! D'ailleurs, je ne sais pas si maintenant... »

Juste à ce moment, le cow-boy siffla :

— Corne here ! cria-t-il.

Était-ce à lui qu'on s'adressait ? Irénée pâlit un peu.

— Mais dépêchez-vous ! reprit Johny John en mâchant plus brutalement sa gomme. M'avez-vous dit oui ou non, hier, que vous étiez prêt ?

Alors Irénée s'élança. Le bond qu'il fit lui donna la sensation de se ruer vers la destinée, la rude nouvelle destinée offerte par le hasard.

— Me voilà ! dit-il.

— Vous avez vu le travail de cet idiot ?

— Oui.

— Eh bien ! Voilà justement ce que vous devez faire. Il me faut, pour plus tard, deux Cosaques au lieu d'un. D'ici huit jours vous devez être prêt.

Il ne s'attarda même pas à observer l'effet de ses paroles.

— Dick !... Un cheval de voltige.

Irénée sentit une main brusque sur son épaule.

— Ôtez votre veste. Ça gênerait. Vous n'avez pas de culotte de cheval ?... Tant pis pour aujourd'hui. On va vous prêter des jambières.

Quand Irénée fut prêt :

— Allons ! Montez-moi là-dessus, que je voie ce que vous savez faire ! Et dépêchons !

Après son déjeuner, il écrivit, dans un coin de cette crémerie, à la mère Hortense. Il l'informait qu'il avait une nouvelle place, demandait des nouvelles, donnait son adresse poste restante.

Il jeta sa lettre dans une boîte en passant, puis se précipita dans un autobus. Le manège était fort loin du cirque.

— Si vous voulez aller regarder du haut de la tribune, dit le palefrenier, il y a une gonzesse pas ordinaire qui fait travailler ses chevaux. C'est Diane de Vallombreuse, l'écuyère. Elle vient assez souvent ici. Aujourd'hui elle a deux chevaux nouveaux, un Anglais et un Arabe, deux étalons. Elle a oublié sa longe et l'a remplacée par le lacet de son corset qu'elle a ôté. Et quand le cheval ne va pas comme elle veut, elle saute dessus et elle lui mord l'oreille !

L'enseignement de Dick, puisqu'il ne parlait aucune langue connue, ne pouvait se faire que par l'exemple. Irénée, avide, le regardait, sur le cheval arrêté, décomposer au ralenti les premiers mouvements à exécuter. Il sauta sur le cheval à son tour, prit connaissance de la singulière selle cosaque, puis se mit en demeure d'imiter ce qu'il avait vu. Sa souplesse naturelle était prodigieuse, incalculable son audace, qui, dès sa petite enfance, avait fait l'épouvante enchantée de ses frères pervers. Dick lui montra par signes les différents trucs dont il devait s'aider. Car, qui dit cirque, dit truc.

Le début du numéro n'offrait pas de difficultés pour Irénée, l'ancien Casse-Gueule. Mais, ayant mal compris comment fixer un pied dans cette courroie, au moment de se laisser pendre jusqu'à terre, il fit remonter son singulier professeur sur le cheval. L'animal était admirablement dressé. Ce fut le galop furieux. Et c'était Irénée qui, la chambrière à la main, en maintenait la rapide cadence.

Comme la musique, la voltige ne peut se passer de mesure. Et l'on peut dire que le truc principal du cirque équestre, c'est de se servir précisément de la vitesse du cheval comme d'une aide puissante aux tours les plus périlleux. Le public, fasciné, ne sait pas que le galop, qui semble si dangereux, facilite, au contraire, les mouvements de l'écuyer, pourvu, cela va sans dire, que ces mouvements soient faits « au temps », comme, du reste, tout ce qui touche à l'acrobatie.

Il y a une sorte de solfège dans la gymnastique. Et, de même qu'en musique, le calme, la présence d'esprit y sont exigés dans les plus rapides tourbillons, tout comme ils le sont s'il s'agit d'un instrumentiste exécutant des virtuosités. Et, toujours comme dans la musique, ce calme et cette présence d'esprit ne s'acquièrent qu'à force de longues études, à moins qu'on n'ait affaire à des enfants prodiges, lesquels savent d'instinct ce que d'autres mettent vingt ans à apprendre.

Irénée avait fait de la voltige, follement, jusqu'à plus de douze ans, et il était enfant prodige, en outre. Au bout de quatre ou cinq essais infructueux, il saisit tout à coup le rythme de cette chute, qu'il devait faire en plein galop. Il l'osa. Dick, la chambrière à la main, activait le cheval sans que rien changeât dans son regard morne.

Les mains traînées dans la sciure, la tête en bas, le petit Derbos voyait les quatre sabots du cheval galoper contre ses yeux. Son cœur battait à éclater. Il savait qu'il risquait sa vie… Pendant une seconde il pensa : « Si maman pouvait me voir ! » Puis il pensa : « Jamais je ne vais me redresser ! »

La sciure volait sur ses cils… Le ventre du cheval, au-dessus de lui, bondissait comme une vague furieuse… Aussi brutal qu'un accident, l'exercice fou se prolongeait.

Il fit un effort surhumain pour ne pas se laisser gagner par la terreur. À la moindre crispation nerveuse de ses muscles, il était perdu.

Enfin :

— Dick !... Dick ! appela-t-il de toutes ses forces.

Et la brute qui ne parlait aucune langue comprit que l'apprenti cosaque ne pouvait pas se redresser.

Un geste arrêta le cheval, sans dommage pour la tête humaine perdue entre ses pieds. Aidé, l'adolescent put se remettre en selle. La sueur lui coulait sur la figure. Il se sentait pâle comme un mort. Il avait eu peur, lui !

« Si je ne recommence pas à l'instant, songea-t-il, vertigineusement, je suis fichu. Jamais plus je n'oserai m'y remettre ! »

Par gestes, avec des envies de gifler le visage abruti de l'autre, il demanda des explications. Certes, il y avait un truc encore, et qui lui avait échappé, pour obtenir ce redressement qu'il n'avait pas su faire. « Et dire qu'il faudra, par-dessus le marché, tirer six coups de revolver ! » Mais ce n'était qu'un tout premier essai. L'idée qu'il avait encore sept jours devant lui le rassura.

Les dents serrées, il se remit au galop. Dick, accroché à la selle, galopait à côté du cheval. Quand Irénée eut la tête en bas, Dick ramassa l'une de ses mains traînantes tout en continuant à galoper, dirigea cette main vers la sangle. Irénée sentit un nœud dans le cuir, s'agrippa. Dick, alors, l'abandonna. C'était à lui de trouver comment, avec ce nœud de sangle sous les doigts, regrimper jusqu'au haut. Longtemps le cheval galopa, longtemps Irénée resta suspendu, roulé en boule, à son ventre tumultueux. Puis, en désordre, à force de coups de reins désespérés, il parvint à se remettre en selle.

— Bravo !... cria d'en haut une voix d'homme. Dans deux jours vous l'avez, votre renversé !...

C'était le directeur du manège. À côté de lui, le palefrenier battait des mains.

Haletant sur son cheval arrêté, Irénée les remercia d'un signe. Il avait envie de rire de joie, car il savait que, d'ici deux jours, en effet, le mouvement serait exécuté correctement.

Le tout est, en matière d'équilibre, d'avoir eu l'énergie de se risquer une première fois.

Le petit regarda Dick, aussi haletant que lui d'avoir couru si fort. Il aurait voulu l'embrasser, maintenant, cette face de martyr obtus que rien ne faisait changer d'expression. N'était-il pas, celui-là, son pauvre frère ? « Moi, je fais ça par orgueil, par anarchie, pour la joie d'avoir choisi ce métier qui m'était défendu. Mais toi, chien battu, tu fais ça sans savoir pourquoi, comme tu mènerais la charrue d'un autre. Tu n'as ni plaisir, ni ambition. Tu obéis à la fatalité, c'est tout ! »

L'entrée de deux chevaux dans le manège, aussitôt montés par un maître écuyer et une jeune mondaine qui venait prendre sa leçon, lui fit voir que la séance était terminée.

— Nous gardons votre cheval ici... dit le palefrenier. M. Johny John a dit comme ça. Vous revenez demain matin ?

— Avant le jour ! s'écria Irénée.

Et les cuisses écartelées et tremblantes, les reins rompus, il se dirigea comme il put dans la rue, du côté de l'autobus, n'ayant plus qu'à rentrer dans son hôtel pour se jeter sur son lit et dormir pendant douze heures.

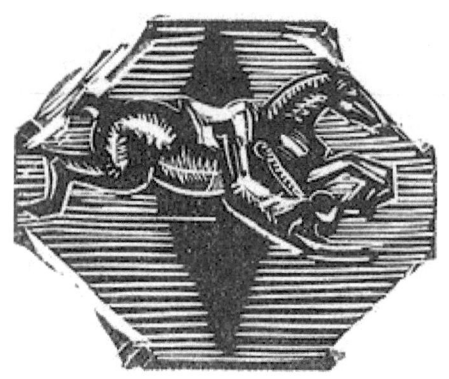

CHAPITRE VII

P ENDANT ces quelques journées, il vécut de fièvre, de fatigue et d'enthousiasme. Il était projeté si violemment vers le tout proche avenir qu'il en oubliait presque le passé.

Deux fois par jour il allait au manège, le matin et l'après-midi. La terreur de voir apparaître Johny John avec son fouet et son sourire dédaigneux le stimulait encore. Des séances d'une violence inouïe eurent lieu dans la sciure poussiéreuse. Le manège était immense et flanqué de salles de gymnastique. Là, des amateurs prenaient leurs leçons, et quelques professionnels venaient étudier des numéros.

Parfois, en attendant son tour, Irénée allait du côté de ces salles. Une petite pensionnaire anémique, qu'accompagnait son Anglaise, s'exerçait au trapèze, dirigée par M. Bourreau, chef de gymnastique. Ou bien c'était un petit garçon amené par ses parents. Aux timides essais des jeunes bourgeois succédaient sans transition les exercices d'un équilibriste des grands cirques parisiens, lequel luttait avec les difficultés imposées par les exigences du métier.

Le tour qu'il avait en vue devait enrichir son répertoire, usé dans tous les cirques, et qui demandait enfin quelque renouvellement.

Assis sur le banc du fond, que de fois Irénée regarda celui-là batailler avec la peur, la peur, terrible fonds commun où toute la corporation des acrobates ne cesse de puiser.

C'était un garçon assez jeune encore, pâle, déformé par sa profession, et dont le cœur sans cesse forcé, comme chez tous ceux de son espèce, devait déjà donner des signes de fatigue.

Ce serait une erreur de croire que tous les gymnasiarques, parce qu'ils passent leur vie dans les efforts physiques, sont plus forts ou mieux portants que d'autres. Il en est beaucoup qui ne vont pas jusqu'à la vieillesse. Et, bien souvent, leur visage souffreteux, l'expression de leur regard montrent que, surmenés depuis l'enfance, ils ne feront pas de vieux os, comme dit le populaire.

Il s'agissait, pour celui-ci, de boucler la boucle au trapèze, c'est-à-dire de faire le tour complet, donc de se trouver, à un moment, assis la tête en bas sur ledit trapèze, sans être pour cela précipité par terre.

Un épais et rassurant matelas de sciure s'étendait au-dessous de lui. Le trapèze était de métal rigide. Chaque fois qu'au maximum de sa course il allait passer outre et décrire la circonférence complète, le malheureux, saisi de frayeur, hésitait sur cette suprême limite, et ne la franchissait pas.

M. Bourreau, d'autres qui flânaient là, l'excitaient de la voix. Lui-même, chaque fois qu'il avait raté son coup, pris de colère, s'injuriait avec véhémence. Mais il avait beau recommencer, sa panique était plus forte que lui.

Jamais Irénée ne devait oublier le matin où cet homme, enfin, réussit son affaire. Une clameur salua son triomphe. Le trapèze, après un tel élan, continuait ses oscillations diminuées. Il fallait attendre pour sauter à terre.

Dès qu'il le put, l'homme descendit. Ses joues étaient livides. Une eau abondante ruisselait sur son visage.

— Ça y est !... dit-il, en haletant. Maintenant, j'ai mon numéro !

Il voulait parler encore, et ne put. Il s'évanouissait. On l'allongea dans la sciure. Avec son pauvre costume de travail, ses espadrilles usagées, avec sa tête aux cheveux rares, ses paupières fermées, sa bouche amère, il avait l'air d'un misérable cadavre, modeste victime d'un travail au-dessus des forces humaines.

— Pourtant, murmura M. Bourreau, faudra qu'il le fasse sans sciure et tout au haut, dans le vide, sans ça, *ça n'intéresserait personne.*

Et, facilement, Irénée imagina le même personnage parmi la musique pimpante et les mille lumières du cirque, en prétentieux maillot, pommadé, souriant, tandis que des gens confortablement assis le regardaient faire, en pensant peut-être à autre chose.

D'autres fois, Mlle de Vallombreuse paraissait, venant de dresser ses deux chevaux.

— S'il vous plaît, monsieur Bourreau, une souplesse !

Le chef de gymnastique, figure foraine aux cheveux dentelés, aux moustaches en croc, la commandait, tandis qu'en mesure elle exécutait les mouvements, puis, pour finir, marchait sur les mains. Ce sont des gammes et des exercices qu'il est bon de reprendre de temps à autre. En culotte de cheval, Mlle de Vallombreuse sentait la sueur et l'écurie. Remise sur ses pieds, elle racontait en langue verte ses aventures.

Un matin qu'il regardait, en attendant l'heure — c'était le cinquième jour depuis qu'il avait commencé son entreprise — M. Bourreau mettre au point des exercices de saut, la porte de la salle fut ouverte, et Johny John parut.

En complet sombre et pardessus, de son costume de cow-boy il n'avait conservé que le feutre gris. Rasé de frais, correct, il fit, dans le vague, un tout petit salut de la tête, sans ôter son chapeau. C'était un personnage. Tous les sauteurs s'arrêtèrent.

Irénée s'était levé, saisi.

Mâchonnant ses mots en même temps que son éternelle gomme, nasillard et hautain :

— Je viens vous faire travailler moi-même, ce matin, dit Johny John dans sa langue bâtarde. Dick est malade. L'imbécile a trouvé moyen de se faire allonger un bon coup de sabot à la représentation d'hier. Il faudra qu'il soit guéri ce soir. Mais, en attendant, me voilà. Vous avez déjà essayé le revolver ?

— Pas encore !... bondit Irénée, comment voulez-vous ? Il fallait d'abord...

— Vous tirerez aujourd'hui, coupa Johny John. Je l'ai apporté pour ça.

C'était sans réplique. Irénée n'ajouta pas un mot.

Cependant, quand ils entrèrent dans le manège enfin libre, le cheval, aux mains du palefrenier, se cabra subitement. Il avait reconnu le cow-boy. Le palefrenier n'eut que le temps de le ressaisir par la bride. Mais plus Johny John s'avançait près de lui, plus l'animal s'agitait. Il fut dans un tel état d'énervement quand il vit son maître prendre la chambrière qu'Irénée se demanda comment il pourrait jamais, sur cette bête, venir à bout de son numéro. À peine commençait-il, depuis la veille, à l'exécuter proprement. « Ça ne va jamais aller !... » grommela-t-il pour lui-même.

Mais il n'osa pas faire voir son inquiétude.

Il s'approcha du cheval pour l'enfourcher. Comme il passait sa jambe, le cheval se cabra de nouveau.

— Charogne !... cria le petit, en retombant d'aplomb sur la selle, non sans élégance.

Flegmatique, l'Américain :

— *Dont be nervous !* (Ne soyez pas nerveux !)

Et, disant cela, toujours calme, il allongea sur les jambes du cheval trois ou quatre larges coups de chambrière, ce qui eut pour premier effet de le faire dresser au maximum, puis ruer, puis faire le saut du mouton, puis la tête à queue, le tout sur place, car Irénée le maintenait bien, refrénant le galop forcené que cette bête apeurée avait dans les reins.

« Gare, tout à l'heure !... pensait-il. Si je ne suis pas tué ce matin, j'aurai de la veine ! »

Il ne fut pas tué, malgré l'embardée que fit le cheval quand le tour du manège le ramena du côté de Johny John, et cela juste comme Irénée, lâchant tout, se jetait dans le vide.

« Ça y est !... Cette fois j'y suis ! J'ai la tête écrasée. »

Il entendit, à travers la charge des quatre pieds sourds qui menaçaient son crâne :

— Don't be nervous !

Puis, comme pour Dick :

— Up !

Alors, d'un mouvement magnifiquement souple, avec une aisance étourdissante, galvanisé par cette voix froide, il se redressa, fut en selle avant d'avoir su comment.

C'était enfin la perfection.

— À présent, mâchonna le cow-boy sans le laisser reprendre son souffle, recommencez. Voici le revolver.

Le cheval, hypnotisé comme son cavalier, galopait à présent plus rythmiquement qu'à l'ordinaire.

Mais, gêné par ce revolver dans sa main, Irénée ne parvenait pas à trouver assez de sang-froid pour tirer.

En trombe il passa, mais ne tira pas.

— Vous, couard !... rugit l'homme. Voulez-vous tirer, le voulez-vous ?

Et comme la chevauchée repassait encore une fois devant lui, la chambrière, habilement maniée par cette main qui jetait le lasso, vint cingler la joue du garçon traîné dans la sciure.

Recevoir un coup de fouet, lui ?... La surprise, l'indignation, la rage lui firent à l'instant retrouver sa présence d'esprit. Comme il l'avait vu faire dans le cirque, exactement comme il l'avait vu faire à Dick, il déchargea les six coups de son revolver : deux à droite, deux à gauche, un en haut, un en bas. Puis il se remit en selle.

— Ça peut aller !... fit Johny John en jetant loin la chambrière.

Sifflotant, il tourna le dos et se dirigea vers la sortie.

Le cheval s'était arrêté de lui-même. En relevant la tête, Irénée vit, entassés dans la tribune, tous ceux de la salle de gymnastique, et le patron du manège, au milieu d'eux, qui, sans oser rien dire, lui faisaient des signes de félicitation.

- Maintenant, il est temps de quitter tous ces gens. J'ai à vous parler. Vous déjeunez avec moi. Il n'est pas midi, vous avez le temps d'aller prendre votre bain et de vous habiller. Je vous attendrai à une heure dans le bar des Champs-Élysées, à gauche. Nous aurons notre lunch là.

Et, par une espèce de délicatesse qui n'échappa pas au petit, puisque tout ce monde les regardait, avant de partir le cow-boy lui donna une poignée de mains, à lui seul, pour bien montrer que, malgré sa balafre, il était l'unique gentleman de la compagnie.

Il avait, après avoir fait soigneusement sa toilette, remis son costume de ville, le seul qu'il possédât, du reste.

Déjeuner dans cette atmosphère d'élégance, à cette belle table si bien servie, parmi des odeurs truffées et le bruit discret des conversations l'étonnait, après tant de crémeries et de marchands de vins.

— Voilà, boy ! Mes différents numéros ont usé tous les cirques d'ici. Alors je constitue une troupe à moi qui fera les grandes villes de l'étranger. Vous m'avez dit que vous étiez prêt à tout. D'ici quelques mois, nous partons. Entendu ?

Pendant la seconde où surpris, il resta sans répondre, Irénée eut le temps d'imaginer un splendide destin, des terres, des mers, des capitales, des chevauchées la tête au vent sur des continents étrangers, la griserie, en un mot, du nomadisme, tout ce qu'il souhaitait au monde.

— Entendu !… cria-t-il avec un rire.

Et ce ne fut qu'un peu plus tard, alors que Johny John parlait de tout autre chose, qu'il comprit pourquoi, le premier soir, l'Américain avait si vite accepté de l'essayer sur ses chevaux.

— Eh bien ! Vous êtes prêt ! Voilà déjà quelque chose pour nos tournées. D'ici notre départ nous aurons mis la performance au point avec Dick comme second Cosaque, ce qui fera bien plus d'effet. J'ai un autre cheval dressé comme celui-ci.

— Les cirques seront peut-être plus grands, là-bas !... dit naïvement Irénée.

Car il ignorait encore que le diamètre d'un cirque, quel qu'il soit, est partout de treize mètres cinquante, convention internationale.

Johny John haussa les épaules.

— Vous ignorez peut-être aussi qu'on prend toujours le galop à droite de la piste !... demanda-t-il, ironique.

Mais le petit n'eut pas à répondre, car l'entrée d'un éléphant sur le tapis les forçait à quitter la place.

CHAPITRE VIII

D<small>EMAIN</small> soir ! »

Il le savait. Il ne dormirait pas cette nuit.

Le long rêve de son enfance et de presque toutes les enfances allait se réaliser.

Aux sons guillerets d'une musique passée de mode, les rideaux s'écarteraient. Et, dans l'apothéose des lumières, regardé par des milliers d'yeux, il entrerait à plein galop sur la piste, héros presque surnaturel qui susciterait du haut en bas du cirque un battement de cœur universel. Il serait « Dimitri, cosaque du Don », comme disait l'affiche, personnage de légende que jamais plus n'oublieraient les enfants présents, pas plus que les grandes personnes, du reste.

« Un numéro comme ça !... »

Il n'avait pas pu obtenir de voir cette affiche, et ne savait exactement à quel moment de la soirée il passerait. Mais on lui avait recommandé d'être habillé dès huit heures, prêt à monter à cheval.

« C'est drôle que le costume fait pour Dick m'aille si bien ! Un peu trop large, mais j'aime mieux ça. Ce qu'on se sent bien, dans un costume comme ça, tout de même ! Et quelle allure ! »

Tout seul dans cette nouvelle chambre d'hôtel à bon marché (un autre hôtel situé plus près du cirque), subitement il se rendit compte qu'il n'avait personne à qui faire part de son ivresse.

Personne ! Et tant de choses à raconter ! Et toutes ces merveilles dans le cœur !

Rien. Moins de dix-sept ans, et pas un proche, pas un ami. Demain soir, nul ne palpiterait pour lui quand il bondirait sur la piste. Nul ne l'embrasserait quand il sauterait de son cheval...

Il avait voulu cette vie. Il secoua sa tête redressée, une espèce de satisfaction âpre essaya de durcir son âme. Mais il retomba vite assis sur sa chaise, pauvre petit qui a le cœur bien gros.

« Je m'habituerai... Il faudra bien... » De nouveau la géographie dansa devant ses yeux. Départ... Départ. Mais partout où il irait, il serait aussi seul que ce soir.

Il fit un grand effort pour retenir ses larmes. Pourquoi ? Personne ne le voyait ! Cependant il trouvait lâche de se laisser attendrir ainsi sur lui-même. Il voulait être un homme. N'était-il pas responsable de tout cela ?

Responsable, libre, seul.

Il se leva pour marcher de long en large.

« Allons ! Je vais me coucher tout simplement, et tâcher de dormir. Ne compliquons pas ! Ne compliquons pas ! »

L'orchestre, du haut de la tribune, venait d'attaquer le morceau d'ouverture, fantaisie sur *le Petit Duc*. Le cirque se remplissait avec bruit. Derrière les rideaux de velours bleu, dans les coulisses, tout un carnaval piétinait ; et, dans les écuries, parés de leurs oripeaux, les chevaux s'agaçaient, sentant l'heure de la représentation.

Parmi cette nervosité, la main à la bride de son cheval, impatient, Irénée en costume, longue houppelande, bottes, bonnet de fourrure, se laissait gagner par les battements de cœur.

Il y avait de tout dans son émotion. Espérant voir Johny John, seul visage qui lui fût un peu familier dans cette cohue, en vain le cherchait-il des yeux. Il n'y avait autour de lui que des gens qu'il n'avait jamais vus. Et chacun, âprement, n'était occupé que de soi-même.

Au bout de quelques secondes, le bariolage diminua. Trois pitres multicolores restaient dans un coin à essayer des acrobaties sur le dos les uns des autres. Le *speaker des clowns*, en habit bleu, livrée spéciale du cirque, parlait à voix basse avec un jeune homme de l'administration. Dans le bar, à deux pas, certains buvaient et riaient.

À peu près seul avec son cheval, Dimitri, cosaque du Don, attendit. Il se disait qu'on le ferait passer vers le milieu de la première partie. Ne sachant encore rien de sa nouvelle carrière, il n'avait pas l'idée de regarder sur cette petite affiche, encadrée comme celle des mairies, où l'ordre des numéros est indiqué.

Il se prépara, non sans amusement, à voir défiler devant lui les numéros qui précéderaient le sien, car le cirque, pour lui, ne cessait pas encore d'être le cirque, c'est-à-dire un lieu magique. Et même là, derrière ces rideaux clos qui, à un moment, s'écarteraient pour le laisser passer, il ne pouvait encore croire que lui, le petit Derbos, il fût devenu vraiment l'un des héros de l'impressionnante féerie.

Le régisseur de piste, en habit bleu (couleur de la maison), cheveux blancs et belle moustache française, posa le doigt sur l'une des trois sonneries électriques qui commandent la représentation.

Le cirque s'alluma. L'équipe des employés, également en livrée bleue, ceux qu'on appelle « écuyers » et les autres, en petite tenue kaki, dits « hommes de piste », poussèrent les rideaux et se rangèrent des deux côtés de l'entrée ou barrière. Un air de galop éclatait. La représentation commençait.

Le régisseur de piste écarta le rideau, fit un signe d'impatience :

— Allons, le cosaque ?...

Irénée n'eut que le temps de sauter en selle. Le cheval semblait reconnaître son air ; il bondissait déjà. Le champ qu'il avait pris dans la coulisse fit entrer Irénée en ouragan aux yeux du public.

Comment ! C'était lui, le numéro 1 du programme ?

Pendant qu'il faisait son premier tour au galop de charge, froidement, calmement, il constata que toute son ivresse d'enfant venait de tomber, chute vertigineuse.

On le faisait passer en premier numéro. C'était juste. Il n'était qu'un débutant. Mais, comme public, il avait des loges et des fauteuils vides, et, parmi les places déjà occupées, des gens encore debout, en proie aux ouvreuses, et qui ne le regardaient pas.

Il venait de se mettre debout sur la selle. Morne comme un terrassier qui pioche ou un menuisier qui rabote, il exécuta son numéro point par point ; et, tandis qu'il pendait, traîné, la tête en bas. « Voilà ! Je suis en train, se disait-il, désespéré, de gagner mon billet de vingt francs ! »

Les rideaux se rouvrirent. Il fonça comme s'il courait se jeter dans un précipice. C'était fini. Il s'en rendait parfaitement compte : ce numéro n'était qu'un éclair. Les gens n'avaient même pas le temps de comprendre ce qu'ils voyaient.

Ainsi la perspective exacte se rétablissait-elle dans sa tête. Entre faire une chose et la regarder faire, il y a des abîmes.

En ces quelques minutes, il venait de se dégonfler de toute l'importance qu'il s'était attribuée.

— Mais voyons !... Allez saluer !... lui cria le régisseur, furieux.

Est-ce qu'on applaudissait ?... Oui, un peu, machinalement. Il sauta de cheval et courut à pied saluer comme il put. Il figurait un cavalier barbare, on ne lui demandait pas d'être gracieux. D'ailleurs, personne ne le regardait plus.

En montant se déshabiller, il titubait dans les marches. En passant, il avait failli heurter le numéro suivant, composé de trois personnages en habit et haut de forme. Son cheval avait disparu, ramené par Dick à l'écurie.

CHAPITRE IX

Et chaque soir, pendant une semaine, comme les autres, il fit son métier. Mais la passivité n'était pas possible à cette nature insurgée. Amer et contenu, sa rage seule l'empêchait de tomber dans le découragement.

La matinée du jeudi lui plut, parce que ce jour-là passa plus vite que les autres. Le reste du temps, l'après-midi le voyait désemparé, ne sachant où mener sa vie.

Il écrivit à la vieille Hortense ; puis il fit des vers, des vers qui eussent, comme jadis, épouvanté sa mère. Ils étaient aux couleurs de sa nouvelle existence. Des clowns y dialoguaient avec le destin. Le public y jouait le rôle des Augustes. Des chevaux y écartelaient tout le beau monde des loges. Celui qui portait Irénée, devenu ailé, sortait par le vitrage et chargeait avec les nuages d'orage. Ou bien la Mort, déguisée en pitre, engageait tous les squelettes cachés de l'assistance, cet ossuaire, à rejeter leurs peaux pour sautiller sur la piste, aux sons de l'accordéon.

Il erra deux fois du côté du manège, et n'y entra pas. Il boudait le Cirque et tout ce qui touchait au Cirque. Il se demanda s'il ne tenterait pas de retourner chez Mme Maletier, fit le projet d'aller voir Albertine, et n'y alla point.

Le samedi soir, comme il descendait aux écuries, venant de mettre son costume, à peu près un quart d'heure avant la représentation, il se trouva face à face avec Johny John.

« Hello, boy... » Un grand rire ; une main qui s'abat sur son épaule et la secoue.

— What is the matter ? Vous n'avez pas l'air d'être un heureux garçon !

Ce beau petit cosaque aux yeux bleus, certes, ce n'est pas un fellow comme tous ceux qu'on voit dans la vie foraine. Il s'agit sans doute de ne pas le laisser se décourager, sans quoi, comme il est venu, tout à coup, un soir, il s'en ira sans laisser de ses nouvelles.

— Vous savez, lad, je vous ai regardé faire ! C'est réellement bon, votre travail. Maintenant que vous avez subi l'épreuve, nous allons penser à de nouvelles choses. La semaine prochaine, le programme change. Mais vous, vous restez. Seulement vous passerez en numéro trois, avec trente francs au lieu de vingt. Et pendant ce temps-là, nous allons établir une nouvelle performance avec Dick comme second cosaque. Je l'aurais fait plus tôt si l'imbécile n'avait eu ce coup à la jambe qui le rend boiteux. Mais il sera guéri en temps. À partir de lundi, nous travaillerons au manège.

Que de nouvelles à la fois ! Le cow-boy ne laisse pas au petit le temps de respirer.

— Est-ce que vous savez que je fonde de grands espoirs sur vous ?

Irénée haussa les épaules, ironique, parfaitement désabusé.

— Sur moi, vraiment ?

— Écoutez ! Vous êtes brave, vous êtes souple, et vous voilà entraîné. Il n'y a que vous qui ferez convenablement les choses auxquelles je pense depuis longtemps. Moi, je suis trop gros, trop vieux, et Dick n'est pas assez beau. Il faut être beau, vous le savez, pour certains numéros à cheval, exactement comme pour travailler avec les lions.

— Ah !...

— Oui. Ce sont les lois du cirque. Well ! Je sais que vous viendrez plus vite qu'un autre à bout de l'affaire à laquelle je pense. C'est une suite de tours vraiment prodigieux.

— Quels tours ?

— Vous le saurez. C'est vous qui devez faire ça.

— Je suppose, fit Irénée, toujours amer, que n'importe qui peut les faire, ces tours !

— Non, garçon ! Dick refuse, si vous voulez la vérité.

— Oh ! Oh ! très dangereux, alors ?

— Très dangereux. Mais ce sera trois cents francs par représentation.

Un silence passa. Le grand Américain et le petit Français se regardèrent dans le blanc des yeux. Irénée, dégrisé, désormais, se sentait aussi fort que l'autre. S'il acceptait ce marché-là, ce serait pour l'argent.

— Vous hésitez ?... dit enfin Johny John. Vous m'avez raconté un soir que vous étiez un casse-cou, un fou, un fils de famille à la dérive.

— Je suis tout ça...

— Alors, vous n'avez pas peur, je pense ? Avec votre audace on ne se fait jamais de mal, même s'il y a des chutes.

— Peur ? répéta Irénée.

Et, dans ses yeux de sirène, il y avait un petit rire amusé.

Et soudain, à cause de ce mot, le goût du risque refla, lame de fond, dans son être tout jeune, aimanté depuis l'enfance vers l'aventure.

Ses prunelles d'azur jetèrent des feux. Les narines de son nez court s'ouvrirent.

— J'accepte.

***

La période sombre était passée. Les séances au manège, entre Johny John et Dick, laissèrent bien loin les poèmes commencés. En rentrant les soirs, éreinté, le jeune Derbos n'avait que le temps de se jeter dans son lit, où il tombait endormi comme on meurt subitement.

Aux rares moments de loisir, à table, dans sa crémerie : « Après tout, quoi ? Je suis un pauvre type de cirque, rien de plus !... Et ensuite ? Cela vaut mieux qu'autre chose. Je préfère être du côté de la piste que du côté du public. »

Depuis qu'il ne boudait plus, il était redevenu ce petit psychologue qui, paradoxalement, veillait derrière sa nature d'enfant fou. Les mille détails de sa carrière nouvelle, en s'agglomérant, finissaient par dessiner dans son esprit une image exacte, points de tapisserie qui gagnent chaque jour sur le canevas incolore.

Passer en numéro trois dans le programme, c'est commencer à être un personnage. Il était à présent assez applaudi pour que l'orchestre jugeât bon de soutenir les battements de mains qu'il suscitait d'un trémolo sourd, ce qui « fait tumulte » et engage le public à rappeler plus chaleureusement le personnage qui vient de travailler devant lui.

La vanité enfantine d'Irénée connaissait donc enfin quelque satisfaction. D'autre part, les projets d'avenir de Johny John entretenaient en lui la belle palpitation sans laquelle il ne pouvait pas vivre. Il brûlait à présent de savoir ce que seraient ces tours qu'on lui ferait faire plus tard. En attendant, le numéro « Ivan et Dimitri » s'annonçait bien.

— Nous pourrons mettre ça en numéro 7 !... avait dit le régisseur.

Et c'était certainement une place enviable dans le programme, jusqu'au jour triomphal de finir la première partie, de commencer la seconde, ou de passer en avant-dernier numéro.

D'humbles figures de camarades sortent de l'ombre.

Il y a, dans la vie des cirques, un mélange de pathétique et d'ingénuité qui, peut-être, constitue le charme spécial de ce vieux divertissement dont nous ne sommes pas encore las.

À une époque où le cabotinage et le bluff triomphent plus grossièrement que jamais, voici tout un monde où le vrai courage, l'endurance et souvent le martyre sont les bases mêmes de l'existence.

Quand la musique se tait, au cours de la représentation, quand le public éprouve, dans ce silence subit, le serrement de cœur qu'il est venu chercher là, certes, à ce moment, beaucoup plus peut-être qu'on ne le croit, le Péril est entré sur la piste, fantôme invisible qui se mêle tragiquement aux pauvres fantoches en maillot chargés d'amuser notre soirée.

Car nombreux sont, parmi la troupe errante, ceux qui furent démolis par l'aventure.

Ce n'est pas en vain que l'appareil du cirque ressemble souvent aux gréements d'un navire. Que de naufrages dans l'ombre de ces amarres, de ces échelles, de ces filets suspendus au-dessus des têtes levées des spectateurs !

Le jeune Derbos ne pouvait regarder sans frisson, chaque soir, celui qui faisait, avec un autre et le « speaker des clowns », son entrée comique.

Le bon rire enfant du public grondait comme un tonnerre autour de ces pitreries. Vêtu d'un pantalon trop grand qu'il perdait toujours, d'une redingote crevée qui lui tombait aux pieds, son nez écrasé peint en rouge vif et sa mâchoire de prognathe en blanc pur, une perruque de chiendent sur la tête, Tom recevait les coups de pied, les seaux d'eau de savon ou les pots de mélasse sur la figure, se prenait les pieds dans les tapis, tombait, bégayait, pirouettait sous les gifles, pleurait, se ramassait, regardait tout le monde avec des yeux d'imbécile, en poussant des petits cris inarticulés.

Il n'était pas vieux. Jusqu'à vingt-huit ans, écuyer et bellâtre, il avait fait la belle voltige à cheval qui est la parure même des cirques. Une chute ! Le pied du cheval sur sa figure... En sortant de l'hôpital, après l'agonie, l'opération, des mois de souffrance, il se retrouvait sur ses pieds, un jour, nez aplati, mâchoire fracassée, se retrouvait avec une figure d'Auguste.

De ce jour, courageux comme on ne l'est que dans son milieu, bien triste aussi, peut-être, l'ancien beau garçon avait changé d'emploi.

Désormais, c'était une jeune fille en tutu, une « écuyère de grâce » qui voltigeait sur le cheval, tandis que lui, roulé par terre, faisait le singe pour la laisser souffler entre les figures de son numéro ; et sans doute cette écuyère tournait-elle autour du bouffon ridicule comme le spectre même de son brillant passé.

« Un bon jongleur, disaient les connaisseurs, fait des exercices toute sa vie, comme un violoniste. Rastelli, le plus fort du monde, travaille huit heures par jour. » Mais Irénée savait maintenant qu'à côté de tels virtuoses, bien des jongleurs sont des acrobates aux rotules brisées, que bien des femmes qui, couchées sur le dos, font manœuvrer une boule, miraculeusement, au bout de leurs pieds, sont des trapézistes dont les bras fracassés n'ont pu être raccommodés suffisamment pour leur permettre de recommencer le même travail.

Remarque-t-on comment l'acrobate, avant de commencer ses tours, vient lui-même, enveloppé d'un peignoir, donner à l'appareil le dernier tour d'écrou ?

Musique de foire, fanfreluches, saluts, sourires, public de gosses, innocence et gentillesse... mais la Mort, au cirque, est le personnage principal.

Comme les marins, c'est le danger que, sans le savoir, ils aiment, ceux qui ont choisi cette profession. Car ils l'aiment, cette profession, qui, depuis l'âge de cinq ou six ans, a pris leur vie.

Irénée fut présent quand on annonça la mort subite du grand paillasse blanc qui, la veille, avait fait son numéro.

Celui-là, peut-être, sentait venir la dernière culbute. Il avait dit aux camarades, peu de temps avant : « Surtout, en cas de mort, enterrez-moi avec mon costume et mon toupet. »

Ceux qui virent se former le cortège à la porte de l'hôtel quelconque où le nomade avait fini sa vie errante, ne se doutèrent pas que la petite foule qui, si triste, marchait derrière, avait fait rire le jour d'avant, ferait rire le jour d'après, et que, dans la voiture noire, c'était un grand pantin cassé qu'on menait vers la messe et vers la fosse, cadavre vêtu de clinquant et portant perruque.

Il ne ressuscite plus, le pantin. De plus en plus, les anciens costumes de parade font place à la tenue moderne, smoking ou chemise de tennis avec cravate à la mode. Le music-hall est en train de tuer le cirque. L'américanisation universelle du monde est passée aussi par là.

Leur sourire appris, leur salut naïf et maniéré, ce calme silence de leurs exercices, leurs bottines d'or et leurs maillots roses, tout cela participait de la vie muette, agile, qui fascine dans les ballets, vie qui se passe comme derrière une vitre ou dans l'eau, vie un peu surnaturelle, vie sans sexe et sans pesanteur, au milieu de laquelle l'entrée des employés en livrée semble soudain si lourdement humaine.

Il y a du ballet dans l'acrobatie, certes. Du reste, la première chose qu'on apprend au futur acrobate, c'est la danse.

Irénée déjà les aimait. Il vit tout de suite : ils étaient modestes, loyaux, bons camarades. À ces vertus qui ne sont plus de notre temps, ils ajoutaient cette étrange chasteté du saltimbanque, imposée et entretenue par un constant effort physique. Et l'habitude du danger perpétuel en commun les empêchait de tomber dans ces horreurs : la rosserie, la basse jalousie. Ils s'entendaient en bons enfants, comme soldats à la guerre. Qu'il fait bon vivre dans cette confrérie de toutes couleurs !

Irénée sut bientôt donner aux choses le nom qu'elles portent, et discerner la valeur respective des emplois. Le pourtour de la piste fut « la Banquette », les entrées du public « les vomitoires », et le « speaker des clowns », dans sa livrée bleue (qui parle avec les comiques et les fait valoir), un des personnages les plus considérables de la compagnie.

Et il apprit aussi comment un imprésario voyageur se promène dans tous les pays du monde, pour des agences, afin de découvrir des numéros qu'il envoie aux cirques, moyennant du dix pour cent, payé par les artistes, numéros acceptés chaque fois sans contrôle.

— Ivan et Dimitri seront gardés deux semaines, dit Johny John. Pendant ce temps, vous pourrez étudier au manège pour faire le jockey d'Epsom en haute voltige. J'ai un cheval parfait pour ça. Vous passerez en seconde partie. Vous vous appellerez James Love. C'est un nom qui vous ira bien. Et Dick reprendra vos premiers exercices cosaques sous un autre costume et une autre nationalité, pour le début de la représentation. De cette façon, vous serez tout entraîné pour commencer à travailler notre numéro, vous savez, notre terrible numéro…

CHAPITRE X

L^A troupe enfin constituée par Johny John devait partir le 15 mai, sous le nom de cirque J. J., pour la Belgique et la Hollande, en attendant de plus lointains voyages.

Irénée, future étoile, travaillait avec acharnement. Il avait bien compris l'importance de son rôle. L'Américain tenait à lui.

Son succès grandissant eût suffi pour lui montrer qu'il avait quelque chose qui plaisait. Son énergie, sa grâce ne passaient pas inaperçues ni, dans un visage d'enfant, ses beaux yeux chargés de phosphore bleu.

Il avait depuis trois mois reçu quelques lettres d'amour. Comme il était dédaigneux et pris par son rude labeur, il n'y répondait pas. Cependant ces lettres contribuaient à lui donner de l'assurance. Il ne craignit pas, sur le point d'entreprendre un si long voyage, de demander à Johny John quelques jours de congé pour aller voir sa mère. Une semaine nouvelle commençait ; il était facile d'établir sans lui le programme des soirées.

— Allez-y !… dit le cow-boy après s'être fait bien prier. Et n'oubliez pas de rapporter vos papiers, à cause du passeport.

Et, cette fois encore, Irénée projeta d'arriver à l'improviste dans la vieille maison familiale.

Le petit train nocturne le descendit en plein printemps. Dès la gare, il respira dans l'air campagnard le parfum des arbres en fleurs qu'il ne voyait pas.

Il avait, en chemin, dîné de n'importe quoi. Les dernières couleurs du crépuscule disparurent comme il prenait la route. Heure choisie pour passer inaperçu. La mère Hortense, pas encore couchée, lui ouvrirait vite quand il frapperait, devinant que, si tard, ce ne pouvait être que le jeune maître.

Il avait cru, dirigé vers sa mère avec cette subite violence, qu'il ne sentirait même pas autour de lui le vieux paysage du passé. Comme on se trompe !

Les rudes mois qu'il venait de vivre dans Paris l'avaient rempli d'oubli. Il marchait au milieu de nouveautés. Ce n'était pas seulement cet embaumement de mai chargé de pétales de pommiers, c'était aussi la façon dont cet air, dans la demi-obscurité, passait sur ses joues ; c'était le contact de la route un peu mouillée sous ses semelles, le bruit de ses pas. C'étaient les silhouettes rondes des bois un peu plus foncés que le ciel ; c'était le silence sans passants, sans voitures, un silence venu du fond des horizons et que n'annulait pas le bruissement continu d'une infinité de grillons ; c'était cette étoile toute seule dans les ombres de la terre et du ciel.

La grille rouillée du parc, cédant sous ses mains dans les ténèbres des frondaisons, lui redonna le sentiment du vieux sang seigneurial qui coulait à travers ses veines. Pendant que durèrent ces battements de cœur, il connut la surprise, presque le scandale d'être devenu ce qu'il était : un saltimbanque.

Il y eut une seconde dans sa vie, cette seconde-là, où tout son être renonça d'un geste à l'aventure, au risque, au voyage.

« Si maman, pensa-t-il, est, par prodige, redevenue ce qu'elle était avant, je ne m'en vais plus. Je reste près d'elle.

Je veux bien même retourner pour un temps au lycée, je veux bien être un monsieur. Je reprendrai racine ici, dans ce paysage impressionnant que je ne reconnais plus, qui ne me reconnaît plus... »

À travers le parc, les arbres dans la nuit furent, autour de lui, des spectres. En passant par les herbes longues des pelouses à l'abandon, il fit se lever, sous ses pieds, la grande odeur verte. Un monde touffu, qu'il distinguait mal, l'enveloppait de partout. Il ne savait plus que le printemps avait les cheveux si longs. Les grillons, l'étoile, le parfum des fleurs, tout l'avait suivi. Sa tête tournait. Ivre, il désira se coucher par terre, fermer les yeux, prendre tout cela jusqu'au fond de sa poitrine. Il éprouvait un bonheur sans mots, végétal, un bonheur immense et sacré comme celui d'un arbre, racines enfoncées dans la terre, branchage étalé dans le ciel. « Rester ici ! Rester ici ! » Puis il jeta, du côté plus noir où se tenait le cheval de plâtre, un coup d'œil presque superstitieux.

La petite lumière qu'il vit à une fenêtre de la maison lui fit reprendre sa course. Il avait tant ralenti le pas qu'il était prêt à s'arrêter.

— C'est vous, m'sieu Irénée ?
— C'est moi, mère Hortense ! Ouvrez !

Elle tenait haut une bougie tremblante, sur le seuil noir de la porte d'en bas.

— Vous m'avez fait bien peur, monsieur !... Bonsoir, monsieur !

— Bonsoir, bonsoir !... Et maman ? Et maman ?...

— Elle est toujours la même, monsieur, malheureusement.

***

Il la trouva changée, vieillie, enfoncée plus avant dans la perdition physique. Cette vue l'arrachait brutalement à l'extase première du retour. Les yeux durs, il n'avait même pas envie de l'embrasser. Qu'est-ce qu'il avait donc pensé, tout à l'heure ? Il n'avait plus de mère. La maison tombait doucement en ruine. La déchirure du rideau s'était agrandie. Les murs sentaient la moisissure.

— Monsieur voit que je la soigne toujours bien ! Son linge est bien blanc, elle est bien peignée, la chambre est en ordre. Pourtant, je n'attendais pas monsieur.

— Oui, mère Hortense, je vois. Vous savez bien que j'ai confiance en vous. Mais aussi, soyez tranquille ! Vous serez bourrée d'argent. J'ai trouvé une place de voyageur de commerce qui va me rapporter beaucoup.

Elle donna des petites nouvelles, avec son air réticent. Cependant, il discernait le grand respect qu'elle avait pour lui, désormais. Il était celui qui paie.

— Monsieur ne veut rien manger ? Madame a eu son petit dîner déjà. Mais je trouverai bien quelque chose à la cuisine.

— Non, non ! Rien. Merci.

— Alors, je vais installer le matelas, comme la dernière fois ?

— Oui ! C'est ça !... Ce ne sera que pour une nuit, d'ailleurs. Je repartirai demain.

— Bien, monsieur !

Au bout d'un moment de contemplation, il s'en rendit compte, il osait à peine respirer.

Il s'approcha sur la pointe du pied et reprit comme malgré lui sa place au bout du lit.

À Paris, cette mère était toujours au fond de sa pensée. Il vivait avec elle, ou plutôt avec l'idée qu'il se faisait d'elle. Mais maintenant qu'elle était là sous ses yeux, il voyait bien qu'elle n'était pas du tout ressemblante.

Il avait joué, somme toute, avec elle comme un enfant avec sa poupée. Quelle chose étrange que de jouer à la poupée, si l'on y songe ! On la fait parler, on lui prête des sentiments, on croit au regard de ses yeux de verre. C'est un jeu bien humain, terriblement humain. Pourquoi ne pas essayer de jouer vraiment à la poupée ?

Il prit la main posée sur le drap. Elle était chaude, vivante. Ce n'était pas la main d'un mannequin. Il la secoua doucement pour lui donner un geste, et murmura dans un souffle :

— C'est toi, Irénée ?... Mon chéri ! Mon chéri !... C'est toi ?

Pour parler à l'oreille de sa mère, il dut se mettre à genoux au chevet du lit.

— Oui, maman ! C'est moi ! Vous voulez bien que j'embrasse votre main, dites ?...

Et, de baisers frénétiques, il couvrit les doigts inertes. Puis, ce fut plus fort que lui. Relevant la tête, il regarda si elle avait senti cela. Mais, n'ayant trouvé que ce visage dans le coma, vite il s'empressa de retourner à la petite main pâle. Il posa son front dessus, et, toujours à genoux, n'osant plus relever la tête par crainte de ce qu'il verrait :

— Vous me demandez de vous raconter ? Eh bien ! Voilà ! J'ai choisi un métier dangereux, mais qui va me rapporter beaucoup d'argent. Trois cents francs par jour, ce n'est pas mal, n'est-ce pas ? Je vais vous dire tout à l'heure ce que c'est. Mais avant, dites-moi, vous : si j'étais tué — comme mes frères — est-ce que ça vous ferait du chagrin ? Beaucoup de chagrin ?...

Il lui faisait peut-être mal, à la serrer si fort. Il sentit la main remuer dans les siennes, et cela lui parut surnaturel comme s'il se fût agi d'un cadavre. Il n'osa pas regarder une fois de plus si la figure avait changé d'expression. Il éleva seulement un peu, pour se faire mieux entendre, sa voix qui s'étouffait dans le drap.

— Oui ? ça vous ferait du chagrin ?... Comme vous êtes bonne, maman ! Mais je ne serai pas tué ! Je suis si adroit, si vous saviez, si sûr de moi ! Et, même si je manque mon coup, quelquefois, en travaillant, je ne me fais jamais de mal.

Puis, fatalement, l'éternelle question qui déchirait son cœur depuis sa plus petite enfance brûla ses lèvres.

— Vous m'aimez donc un peu ? Pourquoi n'avez-vous jamais eu l'air ? Pourquoi ?...

Il resta longtemps silencieux. Elle dormait. Il l'entendait à sa respiration longue et calme.

Il reprit enfin, et son intonation sourde était celle d'un garçon de dix ans :

— J'étais beau en cosaque, vous savez !

Les dents serrées :

— On est si bête, quand on ne sait pas encore ! Je croyais, sur mon cheval, m'élancer à la conquête du monde. Et je n'avais personne, personne à qui le dire ! Je n'avais que la lettre de tante Marguerite à embrasser. Il me semblait que j'étais comme un petit Tamerlan. Je voulais les écraser par quelque chose de plus beau que ce qu'ils voient tous les jours, je voulais faire quelque chose qu'ils ne peuvent pas faire, eux.

Frémissant, il poursuivit :

— J'ai besoin de les écraser, de les faire crier, de les sortir d'eux-mêmes. Ils sont si atroces ! Je les hais !… Vous dites que je suis anarchiste. Non. C'est eux qui sont atroces. Je ne veux pas être comme eux, voilà tout !… Et puis, maman, oh ! si vous saviez !… Ça ne leur a rien fait de me voir. Rien du tout. Ils m'ont pris pour Dick, ou un autre. Alors j'ai compris que je n'étais qu'un pauvre écuyer de cirque qui gagne vingt francs par jour… Voilà.

Il se mit à sangloter. La main de sa mère, tout de suite inondée de ses larmes, lui mouilla la figure. Secoué de spasmes, il continua, divagation hachée :

— Tout à l'heure, dans le parc, c'était si beau ! Il y avait cette étoile, ces grillons, ces grandes herbes, et les arbres, les arbres… Et la nuit pleine de choses qui remuaient et qui sentaient bon… Je voulais rester toute la vie avec vous, dans notre maison, dans notre parc. Je ne voulais plus partir, je ne voulais plus être libre. Je ne voulais que vous, que vous. Je voulais… Je ne savais pas ce que je voulais, mais c'était si beau !… Je suis poète, moi, maman ! C'est affreux d'être poète ! J'étais déjà poète étant tout petit, tout petit. C'est pour ça que je vous ai fait tant de mal. Le lycée, mes oncles… non ! non ! Mes frères et leurs filatures, non ! non !… Tout ça n'était pas possible pour moi. Et moi je tournais autour de vous. Je voulais votre assentiment. Et jamais, jamais, vous ne me l'avez donné. Oh ! comme vous étiez dure pour moi, maman !

Les sanglots le coupèrent un moment. La main qu'il tenait et sa joue baignaient ensemble dans un lac de larmes.

— Poète !... Et voilà. J'ai été valet d'abord, et maintenant, en fait de Tamerlan, je suis saltimbanque. Je suis un dévoyé, je le sais bien. Mais, oh ! maman ! Écoutez-moi ! Comprenez-moi ! Ce n'est pas de ma faute ! Ce n'est pas de ma faute ! Je ne peux pas être comme les autres... Poète ! On a tellement besoin de quelqu'un, quand on est poète ! Et personne ! Personne ! Toujours tout seul, toujours, depuis que j'ai commencé à respirer. Tout seul ! Tout seul, maman ! Tout seul !

Un désespoir furieux lui remplissait la poitrine. Il pleurait en une fois toutes les larmes accumulées sans qu'il le sût. Et c'était sa jeunesse, c'était sa force de garçon vigoureux, c'était son indépendance, son audace, sa formidable personnalité qui criaient au secours dans la nuit, qui demandaient une tendresse toute simple et toute naturelle, l'amour d'une mère, le regard d'une mère.

— Maman ! Maman !... Et voilà ce que vous êtes devenue, maintenant, vous qui m'auriez peut-être aimé un jour ! Maman ! Je suis tout seul ! Tout seul !... Personne ! Personne.

Il se retourna brusquement. La vieille Hortense, épouvantée, était derrière lui, debout, en chemise, silhouette ridicule et nocturne.

CHAPITRE XI

Depuis que le train était sorti des banlieues, la curiosité s'y était mise. Irénée, collé contre la vitre, n'avait pas les yeux assez grands pour regarder ce morceau de France qu'il ne connaissait pas.

Le compartiment de troisième, plein de ses compagnons, bourdonnait de conversations. Ils avaient tant voyagé dans leur vie, les autres, qu'ils ne s'intéressaient plus aux paysages traversés.

C'était une petite partie de la troupe de Johny John. D'autres wagons contenaient le reste.

Combien étaient-ils en tout ? Outre les numéros du programme ambulant, il y avait l'orchestre, une dizaine de musiciens. Ils s'étaient groupés à part dans le train, car, au cours d'une tournée de cirque, la fusion ne s'établit pas, en général, entre les instrumentistes et les faiseurs de tours.

Les chevaux remplissaient des fourgons, ainsi que d'autres bêtes savantes. Un régisseur était parti trois jours plus tôt de Paris pour s'occuper, à Bruxelles, des représentations et des imprimés, et du fourrage, et du charbon, et des autorisations officielles. Johny John, en première classe, restait invisible.

Écuyères, écuyers, trapézistes, clowns, dresseurs, jongleurs, acrobates, il y avait un peu de tout, sans doute, dans ce cirque J.-J., plus un géant et un nain qui travaillaient ensemble. Plusieurs numéros devaient être faits par les mêmes sous des noms différents, et le « service de la barrière » (hommes de pistes et écuyers en livrée), serait assuré, comme au temps jadis, par tous les exécutants mâles, quelle que fût leur importance, lesquels changeraient à tour de rôle leur costume étincelant pour l'habit à boutons d'or et le kaki modeste de ceux qu'on voit, pendant la représentation, alignés devant les rideaux joints, à moins qu'ils ne s'activent autour d'un appareil à monter ou d'un filet à tendre.

Ainsi arrive-t-il, dans certaines communautés religieuses, que le Supérieur redevienne convers, et réciproquement.

Cette clause avait fait sourciller Irénée encore novice. Elle semblait bien naturelle à ses camarades de voyage, qui, de toutes les nationalités, avaient une expérience identique de la vie foraine.

Le temps passait. Puis une voix qui l'interpellait le tira de sa torpeur absorbée.

— Et vous ?... Qu'est-ce que c'est que votre travail ?

Résolument, il se tourna du côté de la compagnie. Il aurait eu horreur de lui-même s'il avait paru se distinguer de ses humbles collègues.

Celui qui s'adressait à lui, garçon jeune et trapu, souriait en le regardant. Et il y eut un moment d'attention générale lorsqu'il répondit :

— Moi, je suis écuyer de voltige.

— Comme nous !... se récrièrent ensemble deux filles assises à l'autre bout.

La plus âgée se pencha, intéressée.

— Quel numéro faites-vous ?... Moi et ma sœur, on fait le double jockey !

La sœur, timide, ne disait rien et ne regardait personne.

— Pour le moment, dit Irénée, je reprends la voltige à la Richard avec Dick. Mais bientôt, je sortirai d'autres choses.

Je travaille ça avec M. Johny John.

— Ah !... tu vois !... fit une femme laide, maigre et fanée.

Elle se tourna vers Irénée :

— J'avais parié que c'était vous. On savait que ce numéro-là se préparait, mais on ne connaissait pas celui qui le faisait... Alors, c'est vous ! Il paraît que ce sera sensationnel.

Elle fit un geste vague et dit :

— Mes deux demoiselles.

Irénée salua les jeunes filles.

— Et mon mari.

Il avait une longue moustache noire, les joues creuses, les yeux enfoncés et sombres. Irénée crut bon de donner une poignée de mains à celui-là. Alors tous ceux du compartiment, même les deux jeunes filles, se dérangèrent pour lui serrer aussi la main.

— On est la famille Lénin, dit la mère, des Parisiens.

Les trois autres voyageurs continuèrent :

— Moi, dit l'un avec un accent tudesque, je suis le voltigeur cycliste Hamerdorff, de Munich.

— Moi, dit le garçon trapu, je suis Henri, le Belge, dresseur de bêtes. Je présente un poney rapporteur et des chiens.

— Et moi, dit le dernier, un vieil homme, je suis Harris, clown musicien, Anglais.

Avec la même bonne grâce naïve, Irénée à son tour annonça :

— Moi, je suis Derbos, écuyer français.

Et quand ces présentations eurent été faites, le compartiment devint amical et gai comme une roulotte.

Ils avaient tous, et les trois femmes, l'aspect de ternes petits employés, économiquement habillés, mal chaussés, sans gants — sauf le vieil Anglais, pourtant.

Dans un effort pour être de bonne humeur, Irénée demanda au Belge, avec un grand intérêt :

— Comment faites-vous pour dresser vos chiens ?... Ça m'a toujours paru extraordinaire qu'on arrive à leur faire faire des tours si compliqués !

La famille Lénin se mit à rire.

— Vous croyez qu'il va vous le dire ? s'exclama la mère. Il n'y a pas de danger ! On se cache tous les uns des autres.

— Dame !... continua le Belge. On est tellement volé !

Et l'Allemand, en son français difficile, commença toute une longue histoire au sujet d'un de ces vols dont il avait été victime au cours de sa carrière de cycliste voltigeur.

On l'écoutait âprement. Irénée, étonné, surveillait leurs expressions. Il ne devait que plus tard apprendre dans quel mystère chacun, au cirque, prépare son numéro, comment les seules inimitiés et vilenies de la corporation viennent de ces trucs chipés, et combien il est difficile d'inventer quelque chose de nouveau dans un domaine où, depuis des siècles, tout a été fait déjà.

« Et moi qui allais raconter point par point les choses que je prépare !... » se disait-il. Johny John aurait été furieux !

Son regard changea brusquement. Parmi le brouhaha des conversations qui s'étaient animées, le va-et-vient de ceux qui se dégourdissaient dans le couloir, quelqu'un, il le sentait, le regardait attentivement. Il tourna ses prunelles bleues, et rencontra les yeux noirs de la plus jeune des Lénin attachés à lui comme un aimant. Elle s'empressa, surprise ainsi, de contempler les vitres. Elle eût certainement rougi, si son teint mat de brune très pâle le lui eût permis.

« Elle n'est pas belle, pensa Irénée, mais elle a quelque chose. »

C'était lui, qui maintenant l'aimantait avec ses yeux insistants. Elle était assise presque en face lui, pauvre adolescente en tailleur gris, en chapeau à bon compte. Il voyait bien qu'elle ressemblait à son père dont elle avait le front proéminent, les yeux enfoncés et sombres. Mais sa terne petite figure était si vite embarrassée, ses gestes si gauches qu'il en restait touché sans trop savoir pourquoi.

« Qu'est-ce que c'est que la vie d'une petite fille comme celle-là ?... » se demandait-il.

Et le psychologue aigu se réveillait en lui, chassant les rêves et les mélancolies.

Il prit un détour pour se renseigner.

— Vous êtes écuyère aussi, comme vos filles ?...

La mère Lénin, qui écoutait les autres se disputer en riant, s'arracha pour répondre :

— Écuyère ? Je l'étais autrefois. À présent, je suis jongleuse.

Irénée savait déjà ce que cela signifie.

— Quoi de cassé ?... demanda-t-il.

Et, très simplement, elle répondit :

— Tout.

Il la laissa raconter longuement ses accidents variés. Puis :

— Et votre mari ?

— Mon mari ?... Il fait le trapèze volant avec l'aînée, et le *speaker* avec les comiques.

— Ah ! oui !... Sous d'autres noms ?... Et votre seconde fille ?

— Oh ! elle, elle commence aussi le fil de fer. Mais on a tant de mal à la faire travailler ! Si je vous disais qu'elle a encore peur à cheval ! C'est une honte ! Heureusement qu'il y a sa sœur... Ah ! si le père n'était pas là, on n'aurait jamais rien fait de ces deux gamines-là. Marie a peur de tout, comme je vous le dis, et Germaine est paresseuse. Mais y a le papa... N'est-ce pas, les filles ?

Les sœurs jetèrent ensemble un coup d'œil vers leur père, qui, dans le couloir, fumait en parlant très fort. L'expression de Germaine, l'aînée, rancune et terreur ; l'expression de Marie, la seconde, terreur tout court.

Germaine avait les yeux plus enfoncés encore que sa cadette, et cette sorte de crispation des traits qui vieillit vite les femmes de cirque. Elle eut un geste révolté des épaules.

— Ah, oui, papa !... Quand il fait des miracles, on s'en aperçoit !

La mère la foudroya, tout en la poussant brutalement. Elle se tut. Une gêne passa.

— Si on mangeait ?... dit la mère pour couper court.

Et quand elles eurent pris leur panier dans le filet, l'odeur de leurs victuailles remplit le compartiment.

Irénée s'était levé, comme l'Anglais, pour les aider. Il sortit dans le couloir afin de les laisser déjeuner plus à l'aise, et aussi pour fuir les relents du repas, qui, mêlés au tabac, l'incommodaient.

Dans le couloir trop étroit des troisièmes, il resta longtemps à l'écart, regardant à nouveau les paysages, puis, désœuvré, fut jeter un coup d'œil dans les autres compartiments.

Dans l'un la plupart dormaient. Dans le second, on menait grand bruit.

Il quitta son wagon et passa dans celui d'à côté. Les sons d'un violon l'attirèrent au bout de ce couloir-là, qui était vide. Son apparition ne sembla pas remarquée par les musiciens. Tout l'orchestre était réuni là. Debout entre ses camarades entassés, un violoniste à crinière blonde jouait sur la quatrième corde, avec des sons de violoncelle. Son style était admirable, son vibrato large et pathétique, sanglot mal contenu.

« Jamais l'*aria* de Bach ne m'aura fait tant de plaisir !... » songeait Irénée.

La musique avait sur ses nerfs une action furieuse. Il lui prenait envie de se rouler par terre, de se tordre les mains. Son délice et sa souffrance dépassaient tout de suite la mesure du possible. Tout petit, sa mère avait eu peur de le voir pleurer à chaudes larmes dès qu'elle se mettait au piano. C'est pourquoi, sans doute, elle avait toujours refusé de lui faire apprendre même ses notes. Du reste, il ne l'avait presque jamais entendue jouer. Ses frères lui avaient raconté comme elle était bonne musicienne. Mais, depuis son veuvage, elle n'avait plus ouvert son instrument.

Cependant, les quelques concerts auxquels on l'avait conduit dans son enfance, ceux qu'il avait suivis adolescent, restaient dans le souvenir d'Irénée. Il retenait dans sa tête un air entendu seulement une fois. Chez Mme Maletier, tout ce qu'avait chanté Mme de Leuvans était resté gravé dans sa mémoire pour jamais. Une mélomanie si inculte, chaque fois qu'il avait l'occasion de la satisfaire, représentait la plus violente des griseries pour cet enfant déchaîné.

Sur la dernière note, il se précipita vers le violoniste, les larmes aux yeux.

— C'est beau ! C'est trop beau ! Merci !... Merci !...

Ce n'était pas pour lui que l'autre avait joué. Du reste, Hongrois, il ne savait que quelques mots de français. Mais il comprit tout de même l'élan d'admiration de ce petit inconnu qui pleurait.

Les musiciens qui l'entouraient regardaient Irénée avec surprise.

— M. Atzé ne parle presque pas français... dirent-ils.

— Mais qu'est-ce qu'il fait dans un cirque avec un talent pareil ?... se récria l'adolescent.

Puis il comprit qu'il venait de vexer les camarades. Du reste, ils répondirent froidement :

— Nous ne savons pas... Nous ne savons rien. Il est comme nous, voilà tout. Il gagne sa vie à faire danser des chevaux et culbuter des acrobates. Ce n'est pas gai, mais il faut manger.

— Jouez encore !... supplia Irénée en faisant des gestes explicatifs.

Mais le Hongrois, fort calmement, remit son violon dans la boîte. Le petit Derbos se sentit un intrus dans ce compartiment. Il salua et s'en alla, sûr que la musique reprendrait dès qu'il serait loin.

Le repas de la famille Lénin était terminé. Une glace baissée laissait entrer l'air, et achevait de purifier l'atmosphère. Les deux jeunes filles étaient seules dans le compartiment.

— Papa et maman et les autres sont allés jouer aux cartes à côté... dit l'aînée. Vous les entendez d'ici ?

Elle n'était pas timide comme sa sœur. Au contraire ; plutôt effrontée. Elle regarda tout droit dans les yeux de sirène.

— On vous a beaucoup battu, vous, pour apprendre votre travail ?

— Moi ?... dit Irénée. On ne m'a jamais battu.

— Vous avez de la chance !

— On vous a battue, vous, Mademoiselle ?

— Je vous crois ! On me bat encore, d'abord !

— Qui vous bat ?

— Mon père.

Sa figure ingrate s'était assombrie. Ce fut avec une passion sourde qu'elle continua :

— Oh ! mais ça ne durera pas toujours ! Je ferai un malheur, un jour !

— Germaine ! supplia la plus jeune.

— Laisse-moi. Toi, tu es née poire. Tu te couches sous les coups. Pas moi.

— On la bat aussi, votre petite sœur ?...

— Si on la bat ?... Papa l'assomme, quand ça le prend !

Animée, pressée de dire à n'importe qui tout ce qu'elle avait sur le cœur :

— Pas plus tard qu'il y a quinze jours, il a fait un miracle parce qu'elle avait manqué son coup en voltige, à la représentation. Ça peut arriver à tout le monde, pourtant ! Et puis il lui reprochait de n'avoir pas assez souri au public, comme on doit faire quand on rate. Tiens !... Elle savait ce qui l'attendait, parbleu !

— Qu'est-ce qui l'attendait ?

— Un miracle, je vous dis.

— Qu'est-ce que vous appelez un miracle ?

— C'est quand il cogne, voyons !...

— Ça lui arrive souvent ?

— Autant dire tous les jours. Ça, je sais bien que Marie est froussarde. Mais qu'est-ce que vous voulez ! On ne se refait pas ! Et je vous assure qu'il y a bien des familles, surtout en France, où les pères apprennent à leurs enfants sans coups de fouet et sans gifles. J'en ai vu. D'abord vous venez de dire vous-même qu'on ne vous avait jamais maltraité, vous ! Là !... Vous voyez bien !... Mais je leur ferai le sale coup un jour. Ça me fera de la peine à cause de maman. Elle n'est pas méchante, au fond. Mais elle en a tant reçu aussi de papa qu'elle finit par trouver ça tout naturel.

— Qu'est-ce que vous ferez, mademoiselle ?

— Je ficherai le camp, tiens ! Je partirai même avec un type, tellement j'en ai assez !

— Oh ! Germaine ?... cria la petite, suffoquée.

— Ben je sais bien ! Ça ne me ressemblerait pas. J'aimerais mieux me marier, bien sûr ! Mais attendre jusqu'à vingt et un ans sous ce régime-là, c'est trop long !

— Quel âge avez-vous, mademoiselle ?

— J'ai dix-huit ans.

Il fut stupéfait. Elle en paraissait presque trente.

— Et votre sœur ?...

— Elle a seize ans. Vous voyez qu'on n'est plus des gosses. On devrait nous traiter autrement. Et ce n'est pas pour dire, vous savez, mais jamais un compliment, rien ! Il faut marcher, toujours marcher, même quand on est malade. Oh ! je me souviendrai toute ma vie de ma congestion pulmonaire. Faire du trapèze avec ça, la tête en bas, c'est ça qui étouffe !

— Moi, dit la petite, presque bas, gagnée par la véhémence de sa sœur, moi, c'est surtout mon entorse ! Oh ! que ça me faisait mal ! J'en aurais pleuré devant le monde, à la représentation.

— Votre entorse ?... murmura Irénée.

Et puis il ne dit plus rien, parce qu'il avait la gorge serrée.

— C'est comme le tour qu'il veut lui faire faire maintenant !... recommença l'exaltée Germaine. Vous savez bien ?... La bascule ? Ça lui donnerait des convulsions, tant elle a peur. J'ai beau la raisonner, moi qui l'ai fait quand j'avais onze ans, elle se dégroupe, vous comprenez ? Alors elle tombe assise dans le fauteuil (quand elle y tombe !) à se casser le dos. Ils ont beau être dix à la recevoir dans leurs mains quand elle manque, il lui semble toujours qu'elle va se tuer. Elle crie, elle se débat. Alors ça pleut, comme vous pensez. Et c'est qu'il ne regarde pas où il tape, avec ça ! Un jour, elle a eu une prune, du côté de l'œil, qui était grosse comme mon poing. Ah ! ce que je regrette d'être devenue trop lourde ! J'aurais continué à sa place. Je lui dis tout le temps : « Mange, engraisse !… On te fichera la paix avec ça ! » Mais elle reste toujours comme une mauviette. Alors papa s'obstine… L'autre fois, il a eu la belle idée de lui bander les yeux, pour qu'elle ne voie pas venir le moment. Ça a été du propre !

— Elle pleure, je crois… dit lentement Irénée.

— Mais oui, elle pleure. Et ce n'est ni la première ni la dernière fois, vous pouvez me croire !…

Le silence dans lequel ils restèrent tous trois laissa le train qui les bousculait faire tout son vacarme. La petite Marie, détournée, semblait éperdue de honte.

Germaine, après l'avoir regardée un moment, haussa les épaules.

— Une poule mouillée !… prononça-t-elle non sans mépris.

— Et elle arrive quand même à faire un numéro en public ?… interrogea l'adolescent en se mordant les lèvres.

— Ce serait malheureux ! Depuis l'âge de six ans qu'elle apprend ! Oh ! ce qu'elle fait n'est pas méchant ! Elle fait l'écuyère de panneau, un peu de voltige avec moi, en double jockey, très peu, car c'est moi qui fais tout, et aussi du fil de fer avec moi, très peu aussi. Papa dit qu'elle n'a aucun avenir, et il n'a pas tort.

— Et vous, mademoiselle ? Vous avez de l'avenir ?

— J'en aurais, car moi j'ai pas peur du tout. Mais rien que pour embêter papa, je travaille mal. J'aime mieux recevoir les coups que de lui faire plaisir. Mais si je me marie un jour, j'ai des idées pour des numéros avec mon mari. J'aime bien les chevaux. Oh ! je gagnerai de l'argent, quand je serai à mon compte, allez !

— Vous vous marierez avec un artiste de cirque, naturellement ?

Un petit rire la secoua.

— Naturellement ! Vous ne voudriez pas que j'épouse un commis de magasin !

— Oh ! non !... ce serait dommage !

— Si je pouvais, je me marierais tout de suite. C'est pas parce que j'en ai envie. Mais ce serait pour retirer l'argent à mon père.

— Vous lui donnez tout ce que vous gagnez ?

Elle le regarda d'un air de stupeur tel qu'il se dépêcha de parler d'autre chose.

Il prit un autre ton et commença :

— Vous connaissez déjà la Belgique, Mademoiselle ?... Moi, je n'y suis jamais allé.

Ils étaient encore en grande conversation quand les parents revinrent, Marie, toujours détournée, s'était endormie dans ses larmes.

En voyant l'aînée seule avec le joli garçon d'écuyer français, le père et la mère froncèrent le sourcil. Rien de mieux gardé qu'une fille de leur profession. Certes, tous les préjugés, toutes les surveillances de l'ancienne bourgeoisie se sont réfugiés dans ce monde des cirques, où, selon la parole même des professionnels, on est « excessivement strict ».

— Tu profiterais du voyage pour tricoter un peu ?... dit sévèrement la mère.

Car ce n'est pas parce qu'on passe ses soirées en public sur la corde raide ou le dos des chevaux, ou bien la tête en bas au trapèze, qu'on doit ignorer les travaux ménagers qui incombent à une jeune fille bien élevée.

CHAPITRE XII

Q<small>UAND</small> on arrive en tournée dans une ville, chacun se débrouille comme il peut pour le logement.

Ces paroles étaient celles de Mme Lénin.

Dans la débandade générale, à la descente du train, Irénée ne vit plus cette famille qui l'intéressait. Il eût voulu se trouver dans le même hôtel. En sortant de la gare, sa valise à la main, seul, il parcourut Bruxelles où le soir tombait.

Il chercha des rues modestes, et finit par être reçu dans un petit hôtel assez éloigné du cirque, car celui qui s'en trouvait proche était envahi déjà par la troupe J.-J.

— C'est là que loge Marie Lénin, sans doute, s'était-il dit.

Le visage de cette petite le poursuivait douloureusement. Il avait pitié d'elle comme d'un chien perdu livré à des bourreaux.

« J'en verrai d'autres qu'elle ! »… finit-il par se dire pour chasser l'obsession.

Car il voulait être un homme, un dur et solitaire vagabond, qui ne s'attendrit en route ni sur lui-même ni sur les autres.

Il parvint à se coucher sans pensée aucune, et s'endormit profondément dans son lit d'hôtel, après avoir recommandé qu'on le réveillât tôt, puisque la troupe avait rendez-vous le lendemain de très bonne heure au cirque.

Il pensait arriver dans les premiers, mais il y avait déjà branle-bas sur la piste et autour de la piste, devant Johny John qui donnait des ordres, traduits par son régisseur.

Certes, il ne s'agissait plus du cirque bleu de Paris, l'un des plus beaux du monde ; mais c'était élégant tout de même.

Ils étaient installés là pour quinze jours.

— Vous allez tâcher, tous, de nous varier les numéros !… traduisit le régisseur. Allons ! Commençons ! Le « un » c'est *Malvina, écuyère de grâce*. Elle est là ?

Irénée, avec un serrement de cœur, devina. C'était la petite Marie Lénin.

En pantalon de travail, n'ayant de son costume que les chaussons roses, elle se présenta, menue et rachitique. Un chignon sans forme ramassait dans le cou ses cheveux noirs, qui devaient être longs et épais.

— Dégagez la piste !

Il sembla à l'adolescent que la jeune fille devenait plus pâle. Le promenoir se remplit, occupé par des camarades qui attendaient de répéter à leur tour. Irénée n'eut pas le temps de jeter un coup d'œil sur eux. Âprement, il regardait le père Lénin amenant le cheval, un gras et nonchalant percheron d'un blanc sale, qui serait enfariné et muni d'une fausse queue pour la représentation. Sur son dos, la selle spéciale qu'on appelle « panneau » et qui est celle des débutants, s'étalait largement, recouverte d'une étoffe à franges.

La chambrière à la main, le père Lénin tendit le bras pour aider sa fille, qui sauta légèrement en selle.

Là-haut, l'orchestre, également convié, commença le petit air absurde qui s'adaptait à ce numéro 1.

« Et dire que le Hongrois joue ça !... » se dit Irénée.

Mais il ne leva pas les yeux vers la tribune des musiciens, ne voulant rien perdre du spectacle qui l'absorbait.

Le cheval, résigné, tournait au petit galop. La jeune Marie se mit debout sur son panneau, puis retomba à genoux, puis se remit debout, selon la vieille figure qu'on a vue dans tous les cirques de la terre.

Concentrée, attentive, elle faisait de son mieux, sentant dardés sur elle les yeux mauvais de son père. Un à un, les autres gestes rituels furent exécutés, terminés machinalement par cet inimitable salut destiné au public et qu'accompagne un petit sourire forcé.

Le cheval s'était remis au pas. Alors ce fut l'entrée du comique, qui, toujours, accompagne ce numéro.

Irénée reconnut l'Anglais Harris, avec lequel il avait voyagé. Sans costume et sans public, les bêtises apprises par cœur qu'il débitait et auxquelles répondait le père Lénin étaient lamentables, ses culbutes gênantes.

Le cheval reprit son galop cadencé ; la musique reprit ses flonflons.

— Allons !... du monde pour tenir les rubans !

En même temps que d'autres, Irénée se précipita. La petite Lénin sautait en passant par-dessus ces banderoles, qu'on baissait sous ses pieds. Elle était sans grâce, dépourvue de désinvolture, triste à voir comme une enfant martyre, comme le pauvre chien savant qui tremble devant le dresseur, sans comprendre ce qu'on lui veut.

— Bravo !... cria tout bas Irénée, quand elle sauta la banderole qu'il tenait.

Elle entendit peut-être. Mais, les yeux fixes, la bouche crispée, il lui était impossible de détourner un instant son visage pour sourire.

Le cheval reprit le pas, le comique revint.

Enfin, ce fut le dernier tour. Il fallait se tenir sur un pied et lever l'autre jambe comme une danseuse. Au second de ces pas, la petite trébucha, faillit tomber. Un coup sec de la chambrière la cingla.

— Te faut-il la machine sauve-dangers ?... cria le père.

Irénée, assis sur la housse d'un fauteuil, se mit brusquement debout, ouvrit la bouche, et se tut en se rasseyant.

C'était fini, l'enfant sautait à terre. Elle allait faire son petit salut bête du côté des loges vides, quand une gifle de son père la fit trébucher. C'est ainsi qu'on corrige les faux pas au cirque, devant tout le monde, pour que cela soit plus humiliant.

Irénée la vit ensuite passer à côté de lui, se dirigeant vers la coulisse, encore toute haletante. Elle ne pleurait pas. Elle regardait seulement par terre. Il n'osa pas bouger de sa place. Il aurait voulu l'embrasser sur sa joue souffletée.

— Pendant qu'on y est, qu'est-ce qu'elle sait faire encore ?... demanda le régisseur.

— Rien d'autre toute seule, répondit Lénin. Elle a le double-jockey et le fil de fer avec sa sœur.

— Alors, allons-y !... Le double jockey !

La sœur, devant les rideaux, sautait déjà sur le nouveau cheval qu'on venait d'amener des écuries. Irénée, en voyant Marie sauter à son tour en croupe, se rendit compte que la présence de l'aînée la rassurait. Il respira mieux.

— Dites que chacun va répéter ce matin tout ce qu'il sait faire !... ordonnait Johny John. C'est demain que nous débutons.

Le double jockey, avec tremplin, galop debout et le reste, fut exécuté sans encombre. Marie n'était là presque que pour la figuration. « Elle n'a pas d'avenir… » avait dit sa sœur.

Cette dernière y mettait de l'entrain, étant regardée par la troupe réunie.

— Celle-là, dit tout à coup le Belge, venu s'asseoir à côté d'Irénée, celle-là on peut dire qu'elle est née dans la sciure. Mais l'autre !…

Il ne répondit pas. Au bout d'un instant, d'ailleurs, il fut, avec le Belge, appelé pour monter l'appareil du fil de fer, que les profanes appellent corde raide.

Germaine et Marie étaient allées retirer leurs bottes de jockeys pour mettre les chaussons qu'il fallait. La mère Lénin expliquait aux garçons comment serrer et desserrer le fil.

L'orchestre joua. Germaine, toujours brillante, fit ses pas aériens, équilibrés par la grande ombrelle japonaise qui est tout le secret de ce tour classique. Son père la surveillait, mais d'un air rassuré. Son regard se refit mauvais pour Marie. Elle était l'enfant arriérée de la maison, une petite buse dont on ne ferait jamais rien.

L'affaire, pourtant se passa sans gifles.

— C'est tout pour les filles Lénin ?…

Le régisseur consultait son papier.

— Moi, dit la mère, je jongle et je fais aussi les antipodes. Et mon mari est speaker de clowns.

— Bon ! bon ! On verra ça tout à l'heure ! Voyons !… Nous avons encore les deux clowns musiciens, le cheval rapporteur en liberté et les chiens, quatre acrobates, une entrée comique, le cycliste voltigeur, les huit étalons de M. Johny John, et, naturellement, son grand numéro de cow-boys. Mais ça, nous ne le répéterons pas. Ah !... nous pourrions peut-être voir Tom Pouce et Pierre le Grand. Je crois que ces messieurs ont demandé à répéter le plus tôt possible. Allons !... Tom Pouce et Pierre le Grand ! Y êtes-vous ?...

Les rideaux s'écartèrent.

— Ça, c'est le triomphe assuré !... disaient-ils tous.

Mais les deux héros disparates n'entendaient pas ces paroles flatteuses, l'un étant Turc et l'autre Suédois.

Un moment après. Harris, le vieil Anglais, entra sur la piste, doublé d'un compagnon non moins vieux et non moins Anglais, venu le rejoindre ce matin même. Ils ne répétèrent que des bribes de leur numéro, le même depuis plus de trente ans, et avec lequel ils avaient fait toute leur longue carrière.

Ils étaient chargés aussi de l'entrée comique, le père Lénin, improvisé speaker, « les faisant valoir », comme on dit au cirque.

Leurs balivernes se rehaussaient d'être dites avec l'authentique accent britannique. Ils déclarèrent que leur autre scénario pour la seconde semaine n'était pas encore tout à fait au point, et l'on passa sans insister au cycliste voltigeur, Hammerdorf, de Munich.

Toute l'équipe travailla pour installer les appareils compliqués que comportait ce tour terrifiant. Irénée, tout en serrant des écrous, conclut à part lui que le côté parfois torturé, presque sadique du cirque, pourrait bien être une invention allemande.

Il eut envie de détourner la tête tant qu'eut lieu cette exécution machiavélique que nulle grâce ne relevait et qui n'avait d'autre intérêt que de mettre sans cesse un homme en danger de mort.

— Quel courage !… songeait-il, et quelle inutilité !

Pendant que Mme Lénin jonglait, puis, couchée sur le dos au haut d'un échafaudage de nickel, faisait danser la boule sur la plante de ses pieds, tandis que les musiciens de l'orchestre « prenaient la cadence », comme ils disent, Irénée, sur l'ordre de Johny John, se mit en demeure d'aller préparer ses chevaux pour les divers numéros qu'il répéterait tout à l'heure.

« Beaucoup de chevaux, c'est une chance de succès », avait dit l'Américain, ce qui n'était pas sans justesse.

L'enfant Derbos regretta de ne pas voir le numéro des chiens savants. Il descendit à contre-cœur vers les écuries. Il y aperçut Dick, dont le rôle principal, en dehors des soirées, était de soigner, panser, nourrir les bêtes au milieu desquelles il semblait plus à sa place que parmi les humains.

Entre son cheval de voltige et son cheval d'école, Irénée se glissa, soudain heureux de revoir ces deux créatures frissonnantes, qui, réellement, sans maquignonnage ni fausses queues, étaient de très beaux chevaux.

Le silence de l'écurie le reposait du tohu-bohu d'en haut. En flattant le col courbe de ses compagnons de lutte, il se mit à rêver sans même s'en rendre compte.

Jamais sortir... Prisonniers dans un sous-sol sans soleil, entre une mangeoire et une chaîne tendue... Dix minutes par soirée, lumières, bruit, esbroufe... Pendant ces dix minutes, donner tout ce qu'on a de force... Tourner dans un rond, sur un tapis ou dans la sciure... C'est tout. Avec cela, susciter des songes enivrés, des songes de galop en liberté dans des étendues vierges... Oui... Dimitri, cosaque du Don... James Love... et le reste... La vie brillante scandée par la musique ; applaudissements ; palpitations ; chimères... Ô misère ! Ô chaussettes tricotées en voyage ! Ô gares noires, hôtels tristes !... Chaque soir, oui, tourner en rond aussi, comme les chevaux, tourner dix minutes en rond, donner sa force, son courage, sa jeunesse, risquer sa vie tous les jours pour la continuation de vieux tours usés comme les airs d'un orgue de Barbarie fêlé, pas encore las de ressasser les mêmes mélodies... Ô monotonie !... Des ronds de cuir. Nous ne sommes que cela !... Et il y a la jeunesse de nos muscles, nos années d'enfance exercée, notre audace, notre science de l'équilibre et de la discipline physique, et il y a la beauté de nos chevaux, abrutis de pas espagnols, de passage et de voltige ; il y a leur cabrade sublime, il y a tout ce qu'on pourrait tirer de leurs actions naturelles et de notre inspiration humaine pour créer de l'art, de la magnificence, du génie !... Pas de génie : le cirque, cette vieille boutique, le cirque et ses falbalas élimés et son bastringue fatigué !...

— Hello, boy... Qu'est-ce qui se passe ? Vous êtes en retard !

À la voix de Johny John, il se réveilla comme en sursaut de ses songeries, et précipita ses gestes.

Un instant plus tard, il remontait avec ses deux chevaux à la bride.

Sur la piste, les quatre acrobates, des Allemands aussi, venaient de terminer. Dick, en selle, attendait derrière les rideaux.

— Allons ! Le numéro cosaque à deux !

Les petites Lénin, assises l'une à côté de l'autre, dardaient leurs yeux expérimentés. Leurs parents vinrent les rejoindre, intéressés.

Irénée, au milieu de ses tourbillons, entendit la mère :

— Il travaille bien !

Et, de nouveau, sa vanité puérile l'anima.

Quand enfin il descendit de cheval, essoufflé comme les autres, parmi les paroles de félicitation dites par les camarades, il recueillit l'hommage silencieux de Marie Lénin, deux yeux noirs qui, pendant un instant, osèrent le regarder avec une admiration fascinée.

La mère Lénin continuait ses louanges.

— Je crois, dit-il, que vous avez travaillé plus que moi, vous, votre mari et vos deux filles ! C'est effrayant tout ce que vous faites à vous quatre ! Quel turbin, aujourd'hui ! Heureusement que, maintenant, on va se reposer jusqu'à demain soir !

— Pas encore !... fit la voix un peu aigre de Germaine Lénin.

Elle cligna de l'œil imperceptiblement :

— Il y a Marie, quand presque tout le monde sera sorti, qui étudiera sa bascule, vous savez !

— Oh !... Je peux rester ?... demanda-t-il plus vite qu'il n'aurait voulu.

— Restez !... Restez !... grogna le père Lénin, d'autant plus qu'on ne sera jamais trop pour la ramasser quand elle tombe, cette gourde !

Les deux parents, la sœur, le Belge, les quatre acrobates allemands, Dick, le régisseur et Irénée, que de monde autour de la tremblante petite chose qu'était Marie Lénin au bout de sa bascule !

— Il faut que tu sois prête pour la seconde semaine !... venait de menacer le père, déjà furieux d'avance.

Et la terreur de l'enfant faisait mal. On sentait que son instinct était de se mettre à genoux en sanglotant, pour demander grâce.

Cependant, malgré ses dents qui claquaient, elle resta misérablement au bout de sa planche, ayant plus peur de son père que de la chute infaillible qui suivrait son bond formidable dans le vide.

— Veux-tu te grouper ?... hurla-t-il, la main levée.

C'est alors qu'Irénée ne put se tenir plus longtemps. De son grand pas souple, il s'avança sur la petite, tout en se tournant vers le père Lénin.

— Montez, monsieur ! Vous allez voir qu'elle sera prête dans un instant. Je vous ferai signe quand il faudra sauter.

Il vint tout près, prit les petites mains glacées de la jeune fille, et, parlant pour elle seule, la regardant jusqu'au fond de l'âme :

— Là... Là... murmura-t-il très bas. Groupez-vous bien... Dites-vous bien qu'il faut aider. Donnez bien le coup de pied au moment voulu. Là... Vous voyez que ça va admirablement !... Ce sera si amusant de réussir ! Vous serez si fière ! Et puis, ajouta-t-il en la regardant plus profondément encore, vous n'avez pas besoin d'avoir peur. *Je suis là.*

Pourquoi cette parole ? Il l'avait prononcée malgré lui, comme une sorte de formule magique.

Il venait de reculer.

— Allez !... commanda-t-il.

Le père sauta sur la planche. L'un des acrobates tenait le fauteuil au bout de la perche. Marie Lénin, admirablement calme, resta groupée, donna le coup de pied, fit le saut périlleux, retomba dans le fauteuil, assise, avec une si magnifique précision qu'une clameur unanime s'éleva.

Quand elle fut redescendue du fauteuil, un rire nerveux la secouait. Ses muscles avaient compris. Jamais plus elle ne manquerait son coup.

— Ça !... répétaient les deux parents, ça, par exemple !...

Et tous les autres, riant aussi, battaient des mains frénétiquement.

D'enthousiasme, un moment plus tard, le père Lénin invita Irénée à déjeuner.

Ce fut dans une brasserie confortable et brune. Chacun était allé changer de vêtements, avant de se retrouver là.

— Voilà des bonbons pour mon élève !... dit Irénée avec un sourire de grand frère, en tendant la belle boîte acquise chez le confiseur.

C'était la première fois qu'une chose pareille lui arrivait. Marie Lénin, effarée, ne comprit pas tout de suite. Les parents se regardèrent, un peu inquiets. Mais, au dessert, comme la conversation devenait plus amicale à mesure que la bière faisait son effet :

— Écoutez-moi, chers amis. Si vous voulez, je lui apprendrai aussi à n'avoir plus peur à cheval. Mme Lénin monte certainement encore un peu. Mlle Germaine, elle, est un centaure. Si ça vous va, pendant ces quinze jours nous irons faire des promenades tous les quatre, la maman, les deux jeunes filles et moi. Ça détendra les chevaux, d'abord, et ensuite nous ferons de la bonne besogne, Mlle Marie et moi. Vous verrez ça ! Vous verrez ça !... Elle deviendra une écuyère de premier ordre !

Il tourna la tête, attiré. Dans le regard magnétisé de la petite martyre, il lut une obéissance, une confiance si éperdues qu'il lui fallut se dominer pour n'avoir pas les larmes aux yeux.

CHAPITRE XIII

Il n'y eut pas de promenades à cheval.

À la façon dont Germaine ricanait quand elle le rencontrait, Irénée soupçonna qu'elle avait dû parler à ses parents contre lui. Ceux-ci, désormais, tout en restant fort polis, l'évitèrent. Quant à la petite Marie, on s'arrangea pour que jamais plus elle ne se retrouvât en face de lui.

Quand il pensait à ces choses, un haussement d'épaules l'en délivrait. Avaient-ils cru, ces pauvres gens, qu'il voulait leur enlever leur fille ?

« Une petite malheureuse comme ça ?... Ils ne m'ont pas regardé !... Décidément les parents, dans tous les mondes, sont à contre-sens. »

Pour ces quinze jours, à Bruxelles, il avait organisé sa vie. Sauf les jeudis et les dimanches, remplis par la représentation en matinée et celle du soir, chaque heure de la journée avait son occupation.

Le matin, levé très tôt, il courait à ce manège où Johny John le faisait travailler. Le numéro futur commençait à se dessiner. Les violences d'un tel labeur et les chutes qu'il risquait sans cesse exaltaient le jeune casse-cou.

Sa témérité devenait telle que le cow-boy lui-même avait des rires de terreur en le voyant faire. Jamais, dans toute sa vie aventureuse, il n'avait vu pareil garçon. Il ne savait ce qu'une si enragée audace représentait d'élans refrénés, élans vers quelque chose d'obscur encore qui travaillait l'esprit du petit Derbos comme un poème en formation.

C'était, d'une part, la haine des vieux clichés équestres, et, d'autre part, un commencement d'idée nouvelle quant au parti à tirer de cette splendeur et de cette force : un beau cheval, de cette autre splendeur et de cette autre force : un bel humain.

Après avoir déjeuné (souvent avec Johny John, qui tenait à bien soigner sa grande vedette de demain), seul sur l'un des chevaux des écuries, l'adolescent galopait dehors. Il cherchait des allées cavalières peu fréquentées, ou même, au hasard de sa fantaisie, il était heureux quand il trouvait dans la banlieue bruxelloise quelque prairie où bondir loin des regards.

Car, sans qu'il s'en rendît exactement compte, c'était encore son idée qui le faisait agir à ces moments. Et cette passion qu'il avait d'essayer un à un tous les chevaux du cirque J.-J., peut-être un jour se l' expliquerait-il à lui-même.

Certes, l'inspiration le cherchait, le cherchait ; mais il ne comprenait pas encore le sens de la dictée. Et c'était une période de grand tourment dont il était heureux et dont il souffrait en même temps.

Revenu de sa chevauchée solitaire, il se reposait à l'hôtel, ou bien continuait à étudier la ville, ou bien visitait les musées. Et, quand la nuit s'apprêtait à descendre, sentant l'heure, il se dépêchait d'aller prendre le sandwich et la tasse de café qui sont une tradition pour ceux de son métier, lesquels ne dînent pas, mais soupent. Après quoi, dans sa loge rudimentaire, au cirque, il s'habillait pour la représentation, non point tout de suite en brillant cavalier, mais en livrée, afin d'assurer avec d'autres le fameux service de la barrière.

Ce fut en Angleterre, dans la seconde moitié de juin.

Johny John avait dit : « Nous essaierons d'abord dans une ville de moindre importance. Et, quand nous arriverons à Londres, ce sera tout à fait au point. »

Des affiches énormes représentaient tant bien que mal Irénée, ou plutôt « Manetto, le roi des écuyers », tombant debout de son trapèze sur un cheval au galop, puis descendant du haut du cirque, verticalement, la tête sur la croupe, et enfin franchissant douze chevaux dans un saut périlleux.

Après Amsterdam, ses canaux, ses musées, l'Angleterre goudronnée où la campagne n'est plus qu'un terrain triste de tennis ou de golf, étonna le petit Derbos, comme elle étonnera tous ceux qui, parlant l'anglais depuis l'enfance et connaissant à fond la littérature anglaise, ne s'attendent pas à trouver, au pays de toutes les poésies et de toutes les conventions, une humanité si formidablement humaine dans des paysages si bien détruits.

Le soir même de son début (qui, avec le numéro du géant et du nain et la séance cow-boy, ne pouvait manquer, chez les britanniques amoureux de sport et d'humour, de susciter les ovations), il trouva à son hôtel tant de lettres, et, dans ces lettres, tant de sortes de déclarations à l'adresse de son courage, de son élégance et de ses yeux bleus, et aussi tant de demandes de rendez-vous, qu'il comprit qu'enfin la gloire lui était venue, une gloire nomade et sans lendemains, comme tout ce qui touche au cirque, mais la gloire quand même, avec tous ses embarras et toutes ses complications.

Non. Pas d'excès. Ni vin, ni amour. Des chevaux, des tours de force, des rêves, des vagabondages dans des rues étrangères, des musées, il avait assez de tout cela pour vivre.

Au bout de huit jours, le cirque J.-J. partit pour Londres.

Londres. Dans la tête du jeune Irénée, ce mot se traduisit aussitôt par : triomphe encore, lettres encore, tumulte de capitale grouillante, British Museum, National Gallery et — nouveauté dans sa vie actuelle — concerts.

Ce fut simplement en lisant un journal. Frappé comme d'une illumination : « Un concert !... Je vais y aller ! »

C'était une séance de piano donnée par Ricardo Vinès. Irénée pouvait en entendre le commencement avant l'heure de son numéro qui passait, place d'honneur, juste avant le dernier.

« Johny John me dispensera du service de la barrière pour ce soir. J'ai compris à présent ce qui me manque. De la musique ! De la musique ! Je veux de la musique ! »

Pourquoi donc eut-il, avant de s'enfuir comme Cendrillon, le temps d'entendre à ce concert la *Danse du feu*, de Manuel de Falla ?... À mesure que les doigts prodigieux du pianiste développaient la géniale incantation, Irénée, le souffle court, les yeux dilatés, perdu dans la salle, croyait voir danser devant lui sa destinée.

Quand il dut se lever et partir en hâte à la fin du morceau, ce fut presque en titubant. La révélation s'était faite. Il avait compris ce qu'il cherchait depuis si longtemps sans trouver. Le sens de sa vie lui apparaissait enfin.

— Écoutez, monsieur Johny John. Je vais tout vous dire. J'ai une idée... Je vais essayer lentement de la réaliser. Seulement, il faut que je travaille seul, absolument seul. Ne soyez ni froissé ni inquiet. Je vous jure que je ne vous quitterai pas, que je continuerai mon engagement jusqu'au bout. Mais voilà, il me faut un étalon arabe pur sang. C'est le seul cheval qui comprenne comme un chien. Vous en avez un dans vos écuries. C'est le cheval d'école que je montais dernièrement. Je le veux. Vous allez me le vendre. Vous n'en faites rien pour le moment, que de l'employer dans votre numéro d'étalons en liberté. Dressez-en un autre à sa place, ou n'ayez que sept étalons au lieu de huit. Il me le faut, je vous le dis, il me le faut à moi, payé par moi, parce que je vais commencer par lui défaire son dressage. Et, quand ça commencera à prendre tournure, je vous inviterai à venir voir, vous seul, au manège, où je travaillerai. Nous sommes ici pour un mois. C'est déjà quelque chose. Mais, vraisemblablement, vous ne verrez la première esquisse que plus tard. Ayez confiance en moi, je vous dis ! Je crois ne vous avoir pas déçu, jusqu'à présent.

Une après-midi, il est au cirque, seul sur la piste, avec son étalon. Il ne faut pas qu'un cheval, créature maniaque entre toutes, s'habitue à ne travailler que dans le même endroit.

Le grand mystère dans lequel les nouveautés se préparent, Irénée en a compris maintenant, autant que les autres, la nécessité. Il a bien regardé partout. Personne ne l'épie. « Du reste, c'est encore tellement informe que je défie n'importe qui de comprendre ce que j'étudie ! »

Patient et inflexible, il travaillait. Cet étalon arabe, il ne l'avait pas choisi sans raison. C'était un de ces merveilleux chevaux entiers d'Orient, vifs comme des chèvres et dociles comme des caniches, qui, tout au contraire de leurs frères obtus d'Europe, semblent saisir toutes les nuances du jeu, qui, plus médiums encore que les autres chevaux, subissent le magnétisme du cavalier d'une façon presque surnaturelle.

Il n'y avait pas dix jours qu'Irénée avait commencé son dressage, et, déjà, le bel animal de satin noir dont les narines brûlaient d'un feu rouge, commençait à perdre de sa correction européenne pour reprendre les allures d'un cheval de fantasia. Il galopait en furieux, la tête au vent, s'arrêtait net en pleine foulée de charge, cabrait à fond sur une simple pression de genoux et de bride, savait retomber soit à droite, soit à gauche, selon l'indication inventée par son maître.

Il fallait, présentement, pour continuer son éducation artistique, lui apprendre à s'élancer dans l'espace comme pour un formidable saut d'obstacle, bien qu'il n'y eût pas d'obstacle. C'était ce que cherchait Irénée aujourd'hui. Cet air d'école qui était nouveau (car le saut plané de Blanche Allarty ne franchit pas d'espace en largeur), n'avait pas encore de technique. Certes, *Excelsior*, cheval d'école, connaissait déjà le travail sur deux pistes, le pas et le trot espagnol, la cabrade, la courbette, la pesade, la capriole, la lançade, le passage, et tout ce qui peut être utilisé comme pas de danse. Et de même Irénée savait, en parfait écuyer, pratiquer la sorte de jiu jitsu par quoi l'on obtient ces résultats, et qui a nom « l'accord des aides ». Mais comment parvenir à faire comprendre à l'étalon qu'on lui demandait maintenant un saut sans barre, et comment, à la longue, réduire à un signe imperceptible l'avertissement auquel il devrait obéir pour exécuter cela ?

Il était en plein saut quand il vit les rideaux s'écarter. Il n'eut pas le temps de penser : « Dick, sans doute ! » La petite Marie Lénin était devant lui, trébuchante, hésitante, et si bouleversée qu'elle se tordait les mains en avançant.

Il sauta vivement à terre, et vint à sa rencontre, son cheval à la main. En l'approchant, il constata, malgré l'ombre du chapeau, qu'elle avait une ecchymose sur la pommette gauche, et les oreilles si rouges qu'on les eût dites près d'éclater. Il s'attendait à voir les parents ou la sœur derrière elle. C'est pourquoi ce fut tout bas qu'il demanda très vite :

— Qu'est-ce qu'il y a ?

Les pauvres yeux noirs le regardèrent, désespérés.

— Je suis toute seule… haleta-t-elle. Je vous avais vu passer devant notre hôtel. J'ai deviné que vous étiez au cirque… Alors, alors j'ai dit que j'étais trop souffrante après ces coups pour aller avec eux au cinéma. Et quand ils ont tous été sortis, je suis venue.

— Toute seule ?… fit-il, abasourdi.

Elle joignit les mains. Sa petite figure blême se déforma. Et, sans plus rien pouvoir dire, elle se mit à sangloter, et de toute son âme.

— Ma pauvre petite !… gronda-t-il. C'est votre père qui vous a encore battue, naturellement !

Il était gêné par son cheval.

— Attendez-moi un instant. Je vais le remettre à l'écurie. Vous allez me raconter tout. Nous allons enfin pouvoir causer !

Quand il revint, il vit qu'elle l'avait suivi de loin. Ce fut dans la coulisse obscure qu'il la retrouva, reculée dans le coin le plus noir.

— Monsieur Derbos, commença-t-elle, comme il lui prenait gentiment le bras.

Mais elle n'en dit pas plus long. Les paumes sur ses yeux, elle se remit à sangloter, secouée jusqu'au bout de ses pieds.

— Allons, ma petite, allons !… Qu'est-ce qu'il y a eu ? Mais il vous tuera, votre maudit père, un jour !

— Ce n'est pas papa ! suffoqua-t-elle sans retirer ses mains. C'est ma sœur !

— Comment ?… Votre sœur, maintenant ? Pourquoi ?…

Elle ne pouvait pas maîtriser les convulsions de sa poitrine, qui l'empêchaient de parler.

— C'est… c'est…

— C'est quoi, petite Marie ?…

— C'est… à cause de… à cause de vous !

— À cause de moi ?…

Il ne comprenait pas. Il y avait un drame, un grand drame dans la vie de cette enfant, puisque, risquant tout, elle était venue le trouver, elle si peureuse, si soumise, si timide.

Elle ôta ses mains, essaya de le regarder à travers ses flots de larmes.

— Monsieur Derbos… Vous avez été si bon pour moi, si bon !… Oh ! jamais je ne l'oublierai… Vous m'avez appris… Avec vous, j'apprendrais tout… Je n'aurais jamais peur… Et puis… Et puis ces bonbons que vous m'aviez donnés…

Les sanglots la reprirent et elle se mit littéralement à crier de douleur.

— Ah !… Ah !… Monsieur Derbos !… Ah !

— Mais enfin, mais enfin ! Qu'est-ce qu'ils vous ont fait, tous, pour vous mettre dans un état pareil ?

— C'est Germaine… Elle… Elle est furieuse… À cause de vous. Elle m'en veut depuis que j'ai réussi la bascule. Elle me déteste, maintenant !… À cheval, dans le double jockey, elle essaie de me faire manquer pour que papa me batte… Et, aujourd'hui (on était toutes les deux), parce que je regardais la boîte que vous m'avez donnée… elle l'a déchirée d'abord ! Et puis elle m'a arrangée comme ça.

Sa main saccadée toucha sa joue, ses oreilles, sa tête. Elle arracha son chapeau.

— Si vous voulez voir ce qu'elle m'a mis ?…

Il ne pouvait prononcer un mot. Il l'attira brusquement, la serra contre lui. La petite tête au chignon informe fut sur son épaule. Et il se mit à la bercer, tout doux, tandis qu'il appuyait sa joue sur les cheveux noirs, toujours à la même place.

Ils restèrent serrés l'un contre l'autre ainsi, longtemps, en silence. Jamais, mieux qu'en cette minute, Irénée ne s'était senti un homme, un homme fort, libre, près duquel cette opprimée venait chercher protection. Donner à autrui ce qu'on ne lui avait pas donné à lui, quand il avait souffert, cela le remplissait d'une ivresse tendre qu'il n'avait encore jamais connue.

Elle s'était calmée, peu à peu. Il la prit au menton, à deux mains, pour la regarder.

— Petite Marie ! Petite Marie !...

Il secouait la tête, des pleurs dans la gorge, grisé par la pitié qu'elle lui inspirait. Dans la mauvaise lumière qui les éclairait, il vit ce qui montait dans les yeux noirs, encore tout poissés de larmes. Et c'était une telle confiance, une telle soumission, qu'il en eut une espèce de peur.

Il lâcha bien doucement le petit menton, ne recula qu'imperceptiblement, et dit :

— Qu'est-ce qu'il faut faire ?...

— Monsieur Derbosl... Monsieur Derbos ! Sauvez-moi ! Je n'ai que vous ! Je n'aime que vous !

Et sa voix faible appelait si follement au secours qu'un grand bouleversement le traversa tout entier.

— Je n'ai pas dix-huit ans, dit-il sombrement. Je n'ai aucune autorité pour vous protéger.

— Oh ! je sais bien !... Mais vous m'avez fait réussir la bascule. Alors il me semble que vous pouvez tout !

Et son exaltation était pathétique jusqu'à la rendre belle.

— Écoutez, écoutez, petite Marie ! Moi, je veux bien tout essayer pour vous sauver. Je suis votre ami, dites-vous bien ça ! Dites-vous bien ça !... Mais ayez de la patience, du courage... Vous savez que je suis là. Un jour je serai plus riche, plus âgé...

Qu'est-ce qu'il pouvait lui dire, à cette pauvrette grelottante ?

Il se tut.

Au bout d'un moment il reprit, évasif, puis s'animant à mesure qu'il parlait, emporté par l'espèce de folie native qui était en lui :

— C'est que j'ai des projets pour plus tard, vous savez !... Tenez ! Aujourd'hui, je travaillais quelque chose... quelque chose qui me sortira du cirque, de la routine, des bêtises, de l'obscurité. C'est si stupide ces malheureux tours qu'on vous fait faire, qu'on me fait faire ! Ils nous mangent notre jeunesse pour cette misère !... Vous saurez mon idée, un jour. Je travaille en grand secret... Je veux inventer... Je pense à des bas-reliefs, à des tableaux de musée, à des ballets, à des poèmes, à de la musique. Je veux remplacer les écuyers et les voltigeurs par un être, un dieu dansant dans des ombres, des lumières et des voiles... *L'Amour Sorcier,* de Falla... Du sublime encore inexploré... J'utilise la cabrade comme un moyen de fougue harmonieuse, un envol de Pégase dans l'Empyrée, pendant que le poète tend les bras vers le ciel pour allonger encore l'élan du cheval... Il y aura peut-être aussi une trompette d'or... On pourra faire de l'Apocalypse... Et je vois Apollon, Apollon...

Il revint en sursaut à lui sur ces mots :

— Apollon ?... Qui c'est-y, celui-là ?...

Effarée, la fillette le regardait. Il se mit à rire de tout son cœur. Il l'adorait pour cette ignorance.

Sans plus rien chercher, il la reprit vivement par la tête, à deux mains, et l'embrassa sur sa joue contusionnée, avec un entrain d'enfant.

— Va, ma petite, va ! Dépêche-toi de retourner chez toi ! Tu seras tuée de coups si on s'aperçoit de ce que tu as fait. Je t'aime bien. Je suis là. Tu n'es plus toute seule. Va, ma chérie, va !

Et, parfaitement docile, illuminée, elle s'en fut en courant avec ce baiser et ce tutoiement, légère, presque gracieuse, tout à coup.

CHAPITRE XIV

Un haut personnage de Londres vint en personne trouver Johny John. Il demandait le concours gracieux de Manetto, roi des écuyers, pour la matinée de gala en faveur des mutilés, qui avait lieu le vendredi suivant dans le cirque même.

Tous les numéros de cette séance extraordinaire étaient faits par des célébrités. Les plus grands champions de la boxe, les cantatrices les plus illustres, de fameux danseurs russes, et ainsi de suite.

— C'est une considérable réclame pour le reste de notre séjour ici !... dit Johny John. Allez-y, garçon !

Irénée eut une ovation, et même quelques fleurs jetées sur la piste. Ses camarades au complet assistèrent à ce triomphe. Il en fut gêné, car on les avait évincés de la fête, eux.

Dans le pauvre cabinet où il s'habillait, il dut, pendant l'entr'acte, recevoir les admirateurs inconnus. C'était la première fois qu'une telle chose lui arrivait. Donc, les loges venaient à lui, lui qui, dans ses poèmes, faisait écarteler le beau monde par ses chevaux. Cependant il reçut ces gens sans ironie comme sans timidité. Il fut seulement froid et assez brusque, devinant, avec son sens aigu de la psychologie, quelle condescendance ils mettaient tous dans leur démarche, grand honneur pour un humble écuyer comme lui.

En culotte pâle et collante de peau, bottes dorées et chemise voyante de soie, il eût été le personnage même de son affiche, si ses cheveux brefs, tempête noire, ses yeux électriques, son teint d'enfant, ses traits courts et toute sa grâce adolescente n'eussent déjà fait de lui, sans qu'il s'en doutât, le petit dieu qu'il ambitionnait de représenter plus tard.

Parmi ces félicitations assez distantes qui l'entouraient, celles de lady Hampton étaient des plus chaleureuses. Avec une audace tranquille, elle promenait son face à main sur le lad encore essoufflé qui ne la remarquait qu'à peine.

Cette épouse de lord, du reste divorcée, était de ces cosmopolites qui ont de tous les sangs dans les veines. On la surnommait à Londres *Much Trouble*, à cause de sa carrière orageuse. Elle n'avait plus trente ans. Mais les fards, les perles, l'art divin des couturiers français, son parfum énigmatique, la vague rousse de ses cheveux coupés et teints, et, pour tout dire, un fonds de beauté véritable, en faisaient encore une des plus grandes séductrices de l'Europe. D'ailleurs, elle était « hors de la société », expression anglaise fort éloquente, et ne fréquentait que des hommes, ou des femmes entretenues.

Il fallut bien que le petit Derbos tînt enfin compte de cette présence parfumée.

— Comme vous parlez un bon anglais !... s'écria-t-elle en l'entendant répondre à l'un des beaux gentlemen. N'êtes-vous pas Italien, pourtant, d'après votre nom ?

— Non, madame. Tout ce qu'il y a de plus Français !

— Oh ! vraiment ?... Mais où avez-vous appris l'anglais ? Dans vos tournées ?...

— Non, madame. Chez moi, étant petit

Et, de surprise, elle battit presque des mains. Qu'est-ce que c'était que ce beau baladin éduqué comme un monsieur ?

Elle laissa les autres s'en aller à la fin de l'entr'acte.

— Venez prendre le thé chez moi, au Claridge, dit-elle, avec tous les accents européens dans la voix. Cela vous reposera. J'adorerais vous connaître mieux.

Un sourire étincelant, et elle se présenta :

— Lady Hampton.

Il sourit sans affabilité. Cette effronterie l'offensait. Elle avait l'air si sûre d'elle-même, à le détailler ainsi comme un animal en cage.

Il l'écrasa d'un regard de ses grands yeux bleus. Elle était l'ennemie, la représentante de la caste qu'il n'aimait pas. « Je préfère être du côté de la piste que du côté du public. »

— Je vous remercie, madame. Je ne prends jamais de thé.

— On vous servira ce que vous voudrez.

Plus sèchement, il recommença :

— Je vous remercie, madame.

Un instant, ils se dévisagèrent. Elle était pour lui l'intruse qui venait le déranger dans la vie qu'il avait choisie, loin du monde, au milieu de compagnons errants, naïfs et courageux, petites gens qui lui plaisaient et le reposaient de ses rêves et tourments intérieurs ; et, pour elle, il était le souple et téméraire éphèbe qui lui avait donné le frisson, celui qui n'était pas de son monde à elle, mentalité neuve, sensation encore ignorée.

— Alors, vous ne voulez pas venir ?... Vous jetez un manteau sur votre costume, et je vous emmène. Ma voiture est là.

— Non, non, madame ! Merci !

Elle lui fit entendre un petit gloussement. Il l'amusait. Il avait de la saveur.

— Bien !... dit-elle.

Et, comme elle lui tendait la main, indulgente, il fut enveloppé par un flot de son odeur recherchée, frôlé par le chinchilla qui traînait sur ses épaules, malgré le bleu de juillet ; et les lueurs de ses perles, de sa robe, de ses prunelles, de ses dents, chatoyèrent ensemble aux yeux du garçon, cent mille petites étoiles à la fois.

Elle partie, il arracha ses bottes dorées, pressé de redevenir anonyme et de se perdre tout seul dans le « rugissement de Londres » (*Roaring of London*), en attendant de recommencer, ce soir, son obscur travail de forain ambulant.

Quelques heures plus tard, toujours de mauvaise humeur, comme il entrait dans sa loge pour revêtir sa livrée à boutons de cuivre (la représentation devant commencer dans quelques minutes), il recula, saisi.

Sur la planche brute qui lui servait de table, une immense corbeille d'orchidées et de roses était posée.

Il n'hésita pas une seconde.

— C'est elle !

Et, quand la carte piquée dans les fleurs l'en eut assuré, son battement de cœur lui fit comprendre qu'il était ému.

Mais, immédiatement, il se moqua de lui-même et d'elle.

— Des fleurs pareilles à un garçon ? Est-ce que je suis une actrice ?

C'était drôle, cette corbeille dans ce débarras crasseux. Tout en endossant son habit d'employé, du coin de l'œil il regardait cela, haussant les épaules.

— Si les autres voyaient ce machin-là, ce qu'ils se paieraient ma figure ! Et il y aurait vraiment de quoi !

Mais quand, sur un signe du régisseur de piste, il fut, avec les camarades, aux sons d'un petit galop, se ranger devant les rideaux :

— Ah !... nom d'un chien ! grommela-t-il.

Car, occupant seule toute la loge d'honneur, elle était déjà là, les bras et le cou nus dans une robe d'argent, avec un grand chapeau noir chaviré sur le côté.

Dans le cirque encore à demi vide, sauf aux places à bon marché, cette présence était voyante comme une châsse.

La petite Lénin, écuyère de grâce, venait d'apparaître sur son panneau, au galop fatigué du percheron passé au blanc.

— T'as vu la gonzesse du milieu ?... fit Henri, le Belge, en poussant Irénée au coude.

— Ach !... continuaient les quatre acrobates allemands en se la désignant.

« Si elle savait, pensait Irénée, que c'est moi qui suis là, vêtu comme les autres de cet habit verdâtre de subalterne ! Ça la calmerait peut-être !... Mais elle n'a même pas l'idée de regarder de ce côté. Elle m'attend dans mes bottes d'or et ma culotte de peau, sur mon cheval héroïque ! »

Quelque chose se pinçait dans sa poitrine. Une vague d'humiliation l'envahit. Alors il eut honte d'un sentiment si lâche.

« Attends un peu, ma fille ! Tu vas voir à qui tu as envoyé tes fleurs ! »

Il ne regarda même pas la petite Lénin qui repassait les rideaux après avoir fait son petit salut triste.

Il y avait une table et des accessoires à transporter pour le numéro de la mère Lénin, dite Mlle Sadko, jongleuse. Il se précipita pour aider le camarade qui y allait. Alors, s'étant placé bien en évidence devant lady Hampton, il lui fit un imperceptible signe. Et, comme il se rabaissait de la sorte aux yeux de l'inconnue, il éprouva cette amère volupté connue déjà lorsqu'il était valet, ou quand Johny John, au manège, l'avait corrigé d'un coup de fouet.

« Ça y est ! se dit-il en retournant à sa place. Elle m'a vu. Dans un instant elle va s'en aller. »

Les yeux dardés, il la surveillait à travers les boules, les assiettes, les bouteilles de la jonglerie. Mais, loin de quitter sa loge, la belle étrangère, à présent, le face à main braqué, ne regardait plus que du côté de la barrière, ce qui intriguait fort le petit groupe en habits verdâtres.

Il venait de sauter de son cheval que Dick remmenait à l'écurie. Il était à bout de souffle, ayant, ce soir, fait ses tours avec une véritable folie. Une longue rumeur restait encore dans le cirque, après les applaudissements frénétiques qui l'avaient salué. Le dernier numéro franchissait les rideaux…

Irénée ne continua pas sa course vers sa loge. Lady Hampton était là, dans la coulisse, coudoyée par le va-et-vient final.

— Oh ! admirable !… Admirable !… J'ai eu si peur !… C'était si beau !…

Le père Lénin, quelques autres s'immobilisèrent pour écouter cela. Lady Hampton, plus proche, jeta dans un souffle :

— Je vous attends dans mon auto à la sortie…

…puis, ayant salué, disparut.

Et, soudain pâle, sans entendre les petits rires des assistants, Irénée courut cette fois à sa loge, le cœur fou, pressé de redescendre vite, ne voulant plus avoir le temps de réfléchir, puisqu'il savait que, tout à l'heure, nonobstant toutes ses raisons, il serait dans les bras de la belle lady parfumée.

Il y eut, dans sa vie austère et déguisée, ces quatre jours et ces quatre nuits de griserie galopante.

Enveloppé dans les capes de fourrure de sa maîtresse, au creux du divan, ou entortillé dans ses perles ; serré contre elle dans sa voiture quand ils allaient voir l'été du côté de Windsor ou de Swinley Forest Park, ou lorsqu'elle cherchait la peur nocturne dans Chinese Town ou Cokney Market ; déguisé une fois de plus, déguisé en gentleman quand ils soupaient à Soho ou ailleurs, sourdement il était fâché contre lui-même, avec le sentiment de sombrer dans la haute trahison. Et, chaque soir, lorsqu'il se retrouvait parmi les camarades, il évitait de les regarder, sentant qu'il n'était plus digne de l'héroïque et modeste corporation dont il avait jusque-là fait partie avec tant de cœur.

Or, la nuit vint où, la cigarette au bec et les yeux clignés, elle prononça néfastement la phrase qui la perdit.

Il songeait, assis, le regard fixé au hasard sur les ombres de la chambre. Couchée, elle le considérait depuis un moment. Sa voix musicale s'éleva dans le silence.

— What are you thinking of ?...

Elle ne s'expliqua pas le profond tressaillement qu'il eut.

Elle venait de le transporter dans le passé, de susciter une autre chambre, une autre femme couchée, une autre voix, un autre regard inquisiteur : « À quoi penses-tu ? »

N'avait-il pas eu le désir de tuer sa mère, quelquefois, quand elle avait dit cela ?

Sans répondre, il regarda longuement la chimère souriante.

Elle ne savait pas qu'il lui disait adieu, que, déjà, les narines dilatées, il respirait de nouveau, bien loin d'elle, de son luxe, de ses parfums, de ses caresses, l'air enivrant et glacial de la liberté solitaire.

Elle l'attendit longtemps à la porte du cirque, après la représentation du lendemain, puis, angoissée, finit par s'informer, avec bien de la peine, car il n'y avait plus, dans l'établissement, qu'un gardien grognon.

Il était parti depuis près d'une heure.

Elle courut à son hôtel. Il avait déménagé sans donner l'adresse de son nouveau gîte.

Le regard dur, les joues vertes, il essayait, seul dans le manège avec son cheval, de retrouver la joie âpre du travail, d'aimer la sciure, l'odeur d'écurie, ses vieux habits, ses vieilles bottes.

Pour la première fois, à la représentation de la veille, lady Hampton n'avait pas paru dans la loge d'honneur. Découragement ou tactique ? Irénée se le demandait avec rage.

Arraché de son plaisir par sa propre volonté, son orgueil était satisfait ; mais ses sens qui redemandaient l'amour le faisaient souffrir ; et toute sa jeunesse était cabrée comme une bête révoltée.

Abandonné depuis ces quelques jours, l'étalon arabe avait perdu de son nouveau dressage. Irénée, nerveux, le brutalisait, avec la sensation que, corrigeant son cheval, c'était lui-même qu'il corrigeait.

Quelle lutte !

L'animal couvert d'écume, le garçon couvert de sueur semblaient, aujourd'hui, décidés à s'entre-tuer entre ces quatre murs tristes.

Comme la porte fut poussée :

— Je ne veux personne ici !... s'emporta-t-il. J'ai loué le manège pour moi seul !... Pour moi seul !... Vous entendez !

Et puis il cria tous les jurons anglais qu'il savait à la face ahurie du palefrenier hésitant. Son cheval piaffait sous lui.

— Qu'est-ce que vous voulez, au bout du compte ?

— C'est une dame qui veut absolument vous voir !... dit l'autre.

— Une dame ?... Ah ! une dame ? Eh bien ! je refuse de la voir, vous m'entendez !... Fermez la porte, vous, canaille, chien !

Mais une petite voix s'éleva derrière le palefrenier.

— C'est moi, monsieur Derbos ! C'est Marie Lénin !

— Ça, par exemple !...

Il avait de la peine à calmer du coup sa colère. Puis un immense soupir de soulagement, de déception aussi, peut-être, l'apaisa tout net. Ce n'était pas lady Hampton. Il était sauvé.

— Laissez-la entrer !... ordonna-t-il en sautant à terre, et prenez le cheval. J'ai fini mon travail.

Elle vint à lui tout droit. La porte s'était refermée.

— Comment avez-vous fait pour arriver jusqu'ici ?... demanda-t-il, encore frémissant. Et qu'est-ce qu'il y a ?... Toujours battue ?...

— Vous m'aviez dit au cirque que c'était ici que vous dressiez votre cheval. Voilà quatre jours que je fais téléphoner le portier de notre hôtel. Vous n'étiez jamais là. Aujourd'hui, on a répondu que vous étiez venu. Alors, tout m'est égal. Pendant que papa et Germaine répétaient sur la piste, je me suis sauvée sans attendre mon tour. Ils peuvent me chercher. Je leur raconterai n'importe quoi. Je me moque de tout ! Ce que j'ai eu de la peine à trouver ma route !... Les policemen ne comprenant rien... Mais me voilà. Ce qui arrivera après, ça ne fait rien. Je voulais vous voir ! Je voulais vous voir !

Elle était beaucoup plus pâle que d'ordinaire, les yeux singulièrement noirs, la voix brève.

— Qu'est-ce qu'ils vous ont fait encore, ma pauvre petite ?...

Il eut du plaisir à dire « ma pauvre petite », à la regarder dans son tailleur d'ouvrière, sous son malheureux chapeau. Elle lui paraissait tonique, après ces parfums chers, ces robes d'or, ces fards, ces peaux de bêtes, ces perles. Et le décor rude du manège prenait tout son sens avec elle au milieu, opposition saisissante à l'amollissante chambre du Claridge.

— Ce qu'il y a ?... Voyons !... Vous vous moquez de moi !

— Je me moque de vous ?...

Il la considérait. Elle avait un tremblement des lèvres, et sa pâleur augmentait encore.

— Cette dame... hacha la petite voix sourde, cette dame... Vous êtes parti avec elle tous les soirs pendant quatre jours. Vous ne l'avez plus quittée... Elle vous envoie des fleurs... Elle est belle ! Elle est riche... Et moi je suis pauvre et laide, je le sais bien... Mais je voulais vous le dire avant que ça arrive ! Parce que moi, je vais mourir.

— Qu'est-ce que vous dites ? Qu'est-ce que vous dites ?

Elle articula, d'une voix sans timbre :

— Vous l'aimez mieux que moi.

Et, sur ces mots, sa figure se décomposa si complètement qu'il crut qu'elle allait tomber morte à ses pieds.

Il fit un pas en arrière.

Amoureuse !

Amoureuse de lui, cette fillette battue, pauvre chien perdu qu'il avait accueilli, caressé par simple humanité.

Elle était allée s'accoter au mur, sentant sans doute venir la syncope. Il s'élança, la soutint. Et son étonnement se traduisait par ce simple mot, sans cesse répété :

— Mais voyons, ma petite !... Mais voyons, ma petite !

— Oh ! je sais bien, reprit-elle de sa voix blanche, je sais bien ce qu'elle est et ce que je suis !... Je comprends parfaitement que vous l'aimiez mieux que moi.

Et, brusquement, comme dans un cri de vengeance, serrant plus fort les épaules qu'il tenait :

— Non, non !... petite Marie. Vous vous trompez ! Je vous aime mieux qu'elle !...

Il la poussait contre le mur luisant et sale, comme pour l'y enfoncer.

— Tu entends ?... Tu entends ?... Je t'aime mieux qu'elle ! Je t'aime bien mieux qu'elle !

Un ricanement court le fit bondir.

— Ce n'est pas vrai !... Vous ne dites pas ce que vous pensez !

— Je ne dis pas ce que je pense ?...

— Non ! non !... Moi je sais ce que vous pensez ! Allez ! dites-le donc, ce que vous pensez !

Encore ?... Même celle-là, ce gringalet de fille-là qui prétendait le pénétrer ? Lui qui venait d'être si spontanément sincère avec elle, elle niait son élan, sa générosité ; elle l'interprétait, elle le falsifiait.

La vieille colère de toute sa vie reflua en lui.

— Je ne dis pas ce que je pense ?

— Non !

Son sang tourbillonna. Depuis l'enfance il avait ce geste dans la main. Sur sa joue livide, la petite Marie reçut la gifle qu'il n'avait jamais osé donner à sa mère, qu'il avait retenue aussi, l'autre nuit, dans la chambre du palace.

Et, tout aussitôt, épouvanté lui-même de ce qu'il venait de faire, il recula, posa sa paume sur sa bouche avec un cri sourd.

Sans pleurer, Marie Lénin le regardait. C'était son destin d'être battue. Elle levait sur lui des yeux si tristes, si habitués, que cette expression était plus affreuse que tout.

Le cœur déchiré par ce regard, ce fut lui qui se mit à pleurer. Il se laissa tomber dans la sciure, marcha vers elle sur les genoux, et, la tête basse, la prit à deux bras par les hanches.

— Oh ! Marie !... Marie !...

Il releva la face. Elle se penchait vers lui. Laissant les larmes ruisseler sur ses joues, il reprit :

— Marie ! Ma petite Marie !... Je n'aurai pas assez de toute ma vie pour que tu me pardonnes. Ce n'est pas de ma faute... Si tu savais !... Voilà que je t'ai battue aussi, comme tout le monde ! Mais tu ne peux pas deviner... Oh ! essaie, essaie de me comprendre, toi, je t'en prie !... je t'en prie ! Il ne faut pas me prêter des pensées que je n'ai pas ! Il ne faut pas me poser de questions ! Personne n'a jamais compris ça. personne ! Pas même ma mère quand j'étais petit, ni plus tard... Marie !... Marie !...

Les larmes l'étouffaient. Il se releva, la prit sur son épaule comme il avait fait déjà. Sans rien expliquer :

— Marie, chuchota-t-il en essayant de sourire. Tu portes le même nom que maman, tu sais ?... Tu es Marie... Tu es ma Marie... Ma Marie... c'est presque « maman » Mamarie. Mamar... Veux-tu t'appeler comme ça pour moi ? *Mamar ?...*

Il baissait les paupières, il se grisait :

— Mamar... Mamar... Mamar...

S'écartant d'elle pour la regarder :

— Je t'ai battue !... oh ! je t'ai battue, moi aussi !...

Enivrée, haletante, elle murmura :

— Ça ne fait rien...

— Oh ! Mamar !... tu me pardonnes... Tu me pardonnes !... Mais moi jamais, jamais je ne me pardonnerai. C'est fini. Jamais plus je ne lèverai la main sur un visage.

Elle remit sa tête contre lui. Ce ne fut qu'un souffle.

— Je vous aime...

Il la renversa sur son bras un peu plus. Le rythme charnel était encore en lui, tout son être resté voluptueux après ces quatre nuits d'amour avec l'autre. Doucement, profondément, il embrassa sur les lèvres la petite figure sans couleur, la petite figure donnée dont les yeux s'étaient clos sur un bonheur inimaginable.

CHAPITRE XV

Il ignorait ce qu'elle avait pu dire chez elle en revenant de son escapade. En vain essayait-il de deviner quelque chose en la scrutant de loin à travers les distances du cirque.

Ils avaient dû la frapper à la tuer, car elle semblait moulue et presque boiteuse. Cependant ils ne soupçonnaient certainement rien de la vérité, car leur attitude restait la même vis-à-vis du jeune écuyer.

Tout le temps que durait le numéro de la petite, comme Irénée la regardait, à présent !

Lié à elle, non par ce premier baiser, mais par ce soufflet qu'il lui avait donné, désormais il savait qu'elle était à lui.

Ce n'était qu'une chétive créature sans beauté, sans grâce, sans culture, sans avenir. Son seul petit charme était d'être malheureuse et naïve et d'avoir un regard d'abandonnée qui fendait le cœur. Mais justement parce qu'elle était cela, rien que cela, le farouche petit la sentait sa propriété, sa chose, sa proie consentante. Personne n'essaierait de la lui prendre. Il était le maître unique de cet être humain, comme jamais il ne serait le maître même de son cheval le mieux maté ; car toujours le cheval se défend sourdement contre le cavalier.

Une pauvre petite fille était à lui. Ce n'était pas une possession magnifique ; mais il n'avait pas besoin d'une possession magnifique. Il avait besoin d'absolu. Marie Lénin était l'absolu. Jamais les ladies à venir de sa carrière commencée ne lui donneraient, avec toutes leurs coquetteries autoritaires, avec toute leur effronterie de beautés millionnaires, ce que lui donnait la simple enfant de saltimbanque pour laquelle il était tout.

En quittant Londres, le cirque J.-J. retournait en France. Il y aurait une soirée à Calais, puis d'autres soirées uniques dans les villes par lesquelles on passerait en se dirigeant vers Bordeaux. À Bordeaux, il y aurait quinze jours de représentation. Ensuite, en s'arrêtant encore en route, la troupe gagnerait tout doucement l'Espagne.

Ils arrivaient enfin à la frontière d'Espagne quand une dépêche, retardée depuis huit jours par les déplacements continuels, parvint entre les mains d'Irénée. Elle était de la vieille Hortense, et annonçait la mort de maman.

Il en était à cette première période où les deuils subits vous laissent un cœur de glace, parce qu'on n'a pas encore pu admettre la nouvelle.

Il alla trouver Johny John dans son bel hôtel. Il n'était pas midi. Le télégramme venait d'arriver.

L'Américain prenait un cocktail en face de la mer, dans la galerie vitrée, et il était seul.

— Hello, boy ? Qu'est-ce qu'il y a ?... Et d'abord asseyez-vous. On va vous apporter ce que vous voudrez.

— Merci !... dit-il en prenant place à la table. Je ne bois jamais rien. Je viens vous dire qu'il faut que je parte tout de suite. Ma mère est morte. Voilà la dépêche. Vous pouvez lire.

Le cow-boy ne jeta qu'un coup d'œil.

— Partir ?... s'écria-t-il, partir, en septembre, dans la saison la meilleure, et quand vous êtes indispensable à cette tournée en Espagne sur laquelle je compte tant ? J'aurais bien pu vous donner des vacances, pendant notre traversée de la France, mais maintenant, non !

— Ce ne sont pas des vacances, remarqua froidement le garçon. Ma mère est morte.

— Oui !... Eh ! bien ?

Les yeux bleus s'immobilisèrent, fixes et durs.

— C'est un grand chagrin pour moi, monsieur Johny John.

— Aoh !... Alors excusez-moi.

Quelques secondes de silence marquèrent le respect qu'on doit à la douleur. Johny John ne posa pas une question. La vie mystérieuse du petit aventurier ne le regardait pas.

Il prit une de ses gommes dans la boîte, et se mit à mâchonner en regardant la mer. Puis, enfin, il tourna la tête, et reprit :

— Est-ce que vous devez *vraiment* partir ? Car, d'après la date de la dépêche, vous arriverez bien après les funérailles.

— Oui, il faut que je parte, j'ai des affaires urgentes à régler là-bas.

Johny John soufflait très fort, et ses mâchoires remuaient plus durement.

— Je vous ferai simplement observer, fit-il, que votre engagement ne prévoit pas un tel congé. Vous avez signé pour six mois, ne l'oubliez pas.

Un éclair passa dans les yeux bleus.

— Je ne l'oublie pas, monsieur Johny John. Mais, de votre côté, vous savez fort bien que ce contrat n'est pas valable. Je suis mineur.

Les lèvres minces du directeur remuèrent sur un juron qu'il retint à temps. Ce n'était pas son intérêt de casser tout et de perdre la vedette qui constituait le principal succès de son cirque.

L'effort qu'il faisait pour ravaler sa colère le couvrit de sueur. Des perles d'eau parurent sur son front, entre les boulettes noires. Un moment Irénée le laissa souffrir ainsi. Tous deux, muets, se regardaient dans le blanc des yeux. Puis, pris de pitié :

— *I say*, monsieur Johny John ! Mon intention n'est pas du tout de vous jouer un sale tour. Je n'ai pas besoin de la loi pour contrôler ma signature. Mais ma vie est extrêmement compliquée, j'aime mieux vous l'apprendre. Et, si vous tenez à moi, il faut que vous consentiez à m'aider. D'abord vous allez me laisser partir pour un petit bout de temps, le moins longtemps possible, rassurez-vous. Ensuite je vous dirai : je ne pars pas seul. J'emmène la petite Marie Lénin.

Une seconde fois, le boy s'exclama :

— Aoh !...

— Je ne *peux* pas la laisser, monsieur Johny John. Alors c'est à vous de vous arranger (vous comprenez ?) pour que ses parents ne me fassent pas d'ennuis. Il faut qu'ils sachent bien que leur fille est perdue pour eux... Inutile de courir après elle. Eh bien ! je l'épouserai dès que ce sera possible, si vous voulez tout savoir, et, à ce moment-là, je me réconcilierai avec la famille, qui n'aura pas à regretter ce mariage. Est-ce entendu comme ça, monsieur Johny John ? Réfléchissez bien. Et si mes conditions ne vous vont pas, parole de loyal garçon, je vous paierai en plusieurs fois le dédit que vous voudrez... Ah ! pardon... Un mot encore. J'ai besoin, si vous acceptez la première combinaison, de partir avec ma fiancée tranquillement par le train de ce soir. Je compte donc que vous ferez le nécessaire.

La nuit était doucement tombée, et les paysages commençaient à valser entre chien et loup.

Seuls dans leur compartiment de premières, Irénée et Marie étaient assis l'un à côté de l'autre.

Il avait voulu la faire voyager en premières, pour que, tout de suite, sa pauvre vie fût orientée vers le confort, pour qu'elle ne reconnût plus rien qui ressemblât aux mauvais jours passés. Pourtant, il ne lui parlait pas, ne la regardait pas, ne lui prenait pas la main.

Quand la nuit fut tout à fait venue et le train allumé :

— Tu vois ce panier, là, dans le filet ? Je vais te le descendre ! C'est ton dîner. Moi, je n'ai pas faim. Mange. Ne t'occupe pas de moi. Je serai gentil bientôt, sois tranquille. Mais, pour le moment, je ne suis pas là. Je t'aime bien. Je t'ai battue, je te dois ma vie à cause de ça. Nous sommes fiancés. Je t'épouserai quand je serai majeur, et je ne te quitterai jamais plus. Voilà. Maintenant, dîne ! Je m'en vais dans le couloir pour ne pas te gêner.

Il y était resté plus d'une heure, le front sur la vitre noire. Quand il revint, Marie avait fait disparaître les restes de son dîner, avait aéré, s'était étendue et, le dos tourné, dormait, ou faisait semblant.

Le train approchait de Paris.

— Réveille-toi, petite Marie. Nous arrivons ! Là !... Remets ton chapeau... Passe ton manteau... C'est à Paris que nous arrivons, tu sais ?... Je vais te conduire à l'hôtel.

Tu y seras bien. Tu y resteras gentiment cette nuit et pendant un ou deux jours, peut-être, toute seule comme une grande fille. Tu te feras servir dans ta chambre pour être plus tranquille. Je reviendrai, tu sais ? Tu me crois, n'est-ce pas ?…

Et, levant ses yeux de caniche vers celui qui l'hypnotisait, debout et bousculée entre les valises, elle répondit timidement :

— Oui, monsieur Derbos.

Dans le parc légèrement touché par l'automne, le jour et la nuit se partageaient le paysage. Le dessous des arbres restait gorgé de ténèbres, mais le premier frôlement de la lumière frisait leur cime. Une unique étoile attestait la nuit, un seul oiseau annonçait le jour. Cependant cette annonciation n'était faite que de deux faibles notes auxquelles, bientôt, le chœur entier des petites gorges allait répondre. Et la rosée qui submergeait l'herbe, et cette immobilité des branches, c'était encore de la stupeur nocturne.

Qu'est-ce qui pressait Irénée, puisqu'il n'allait que vers une maison vide, vers du néant ?

Il fut revoir son cheval de plâtre. En le touchant de ses mains caressantes, il laissa sur sa bouche errer un sourire ironique. Ce cheval, il n'y avait pas encore songé, n'était pas autre chose que le symbole de sa vie.

Il longea les haies également. Il faisait comme si rien de nouveau ne s'était passé. Cette école buissonnière retardait le moment sinistre d'aborder la maison pleine de silence où sa mère n'était plus qu'un spectre.

« Elle était déjà morte, puisqu'elle n'avait plus son âme. Mais son apparence physique demeurait, qui respirait comme autrefois. Ses mains étaient chaudes, je me souviens, et je percevais le rythme de son cœur, quand, tout contre elle, je posais mon front sur le lit. »

Il fut enfin devant la maison. Tout était clos. Les persiennes serrées refusaient la lumière. Qu'est-ce qui se passait dans ces chambres quittées par les humains ?

Le petit jour était plus triste qu'un soir tombant. Irénée eut envie de se laisser glisser par terre devant la porte, et de mourir de regret.

Une hostilité l'accueillait. La maison de son enfance ne voulait plus de lui.

Pris d'une sorte de panique, il se mit à crier comme un enfant qui fait du bruit pour se rassurer. En même temps il donnait des coups dans les volets du rez-de-chaussée ?

— Hortense ?... Hortense ?... Y a-t-il quelqu'un ?... Eh ! là ! le gardien ! Répondez-moi !...

Il en fit tant qu'enfin une persienne fut poussée au premier.

— C'est vous, m'sieu Irénée ?

— Ah ! mère Hortense ! répondit-il dans un sanglot subit. Car il lui semblait, puisque la vieille était toujours là, que l'âme du passé n'avait pu s'envoler encore de la maison calfeutrée.

Il vit la silhouette disparaître de la fenêtre. Un moment plus tard, la porte s'ouvrait.

— M'sieu Irénée ! Je me demandais ce que vous étiez devenu ! Pas de réponse à ma dépêche ! Rien !...

Il se retenait pour ne pas lui sauter au cou... Cette servante ridée et trop respectueuse, c'était tout ce qui lui restait de maman.

— Écoutez... fit-il, d'une voix étranglée. Allez d'abord ouvrir les persiennes, pour que je n'entre pas dans le noir...

Elle y alla. Quand il pénétra, ce fut bien plus affreux encore qu'il ne l'avait imaginé. La chambre était glaciale. Toute chaleur humaine y avait disparu. Les meubles trop bien rangés témoignaient qu'on n'y vivait plus. Rien ne traînait sur la table ; la cheminée froide, avec sa trappe baissée, était plus mortuaire que le reste. Il n'osait pas regarder le lit. Il le vit enfin. Le couvre-pieds était dessus, proprement arrangé, grands plis rigides jusque par terre.

Et, devant cela, le garçon perdit tout contrôle sur lui-même. Il se précipita, tomba sur les genoux, et, comme sa tête roulait à la place de jadis.

— Maman ! Maman ! Maman !... cria-t-il, déchiré par une effrayante douleur.

La vieille avait dû le laisser seul, comme au temps de ses veillées au chevet de la malade.

Ce fut de lui-même qu'il redescendit la trouver, au bout de près d'une heure, à la cuisine. Il avait ses cheveux en broussaille, les yeux gonflés, les joues creuses.

— Revenez avec moi, là-haut, voulez-vous ? Et racontez-moi. Je veux tout savoir.

— Elle n'a pas souffert, allez, monsieur !

— Elle n'a pas souffert…

Brusquement elle s'agita, les yeux peureux :

— Ces messieurs m'ont demandé si je savais ce que vous étiez devenu, m'sieu Irénée. Oh ! ce que j'ai eu de honte de leur mentir devant Madame morte ! Je ne savais plus ce que je devais dire. C'était une responsabilité, pensez donc ! Mais vous êtes si généreux pour moi… J'ai fini par dire que je ne savais rien… Mais… Je crois qu'ils se sont arrangés avec leur vieux notaire… et que… et qu'ils vous ont fait passer pour mort… À cause de l'héritage vous comprenez ?

— Ah oui… dit-il.

Il haussa les épaules.

— Ils ont bien fait.

La vieille le regardait avec stupéfaction.

— Et moi qui croyais que ça allait faire tant d'histoires, que je n'en vis plus depuis douze jours !

— Pourquoi des histoires, Hortense ?… Je n'ai pas besoin d'héritage. J'ai seulement besoin qu'on me fiche la paix !

Il continua plus doucement :

— Quant à vous, vous avez été bonne pour maman jusqu'au bout, et je ne l'oublierai jamais. Je vous enverrai de l'argent tous les mois jusqu'à la fin de votre vie, pour que vous n'ayez plus besoin de tant travailler, à votre âge... Vous pleurez, ma pauvre mère Hortense ?... Je vous aime bien... Vous êtes tout ce qui me reste de mon enfance... Il faut bien que je m'inquiète de vous...

C'était un caveau vieillot et romantique, en forme de chapelle, une croix surplombant le fronton, un vitrail derrière le grillage, et cette simple inscription dans la pierre :

FAMILLE DE CHARVELLES.

Irénée l'avait peut-être vu dans son enfance, il ne se souvenait de rien.

L'immense brassée de fleurs apportée dans l'auto de louage devait rester devant la porte close. La chapelle où dormait sa mère refusait, également hostile, de le laisser entrer à l'intérieur.

Dans tout le reste du cimetière, les petites tombes villageoises se pressaient au pied de cette chapelle, comme de simples maisons autour d'une seigneurie.

« Elle est là !... » pensait le fils. Mais il ne pouvait l'imaginer. La vraie tombe de sa mère, c'était ce lit vide et refait devant lequel il avait sangloté ce matin. Rendue à la famille de Charvelles, la dépouille de maman appartenait désormais aux deux oncles haïssables qui gardaient la clé du caveau.

« Je vais m'en aller, maintenant que j'ai vu. Je n'ai plus rien à faire ici. »

Et, comme s'il eût été chassé de ce lieu, la tête basse, il reprit sa route vers l'auto qui l'attendait à la porte.

Il faisait beau. Derrière le vert des arbres, il y avait déjà de l'or.

Il ouvrait la portière pour monter dans l'auto. Deux hautes ombres furent sur lui. Une main le prit au bras.

— Ah ! ah !… mon gaillard ! On te retrouve enfin ?

Ses oncles. Ils sortaient tout juste de leur château. Dans des faces de vieilles pommes ridées, ils avaient le beau nez des Charvelles, et leurs petits yeux noirs ; la teinture de leurs cheveux et de leurs moustaches les faisaient paraître plus jaunes encore. En grand deuil, hautains, maigres, perchés sur de grandes jambes, ils étaient démodés, racés, vaguement ridicules. Et leurs voix nasillardes, dénaturées par les dentiers, étaient celles de polichinelles distingués.

— Alors, il faut que ta mère meure pour que tu ressuscites ?… ricana Horace.

— Je voudrais bien savoir comment tu l'as su !… poursuivit Édouard.

Acculé contre la voiture, Irénée les regardait avec des prunelles démesurées.

Horace avança sa figure de mannequin et lui murmura, sifflant entre ses fausses dents, très bas, sans doute par crainte de quelque scandale :

— Où étais-tu, vaurien ?... Nous feras-tu le plaisir de nous le dire ?

Édouard, dans un geste identique :

— Tu reviens pour l'héritage, hein ! blanc-bec ?

Il les repoussa tous deux d'un seul large coup de coude.

— Puisque la fatalité veut que je vous rencontre, dit-il d'une voix fort haute, je veux bien m'expliquer avec vous une fois pour toutes. Allons ! Entrons chez vous, puisque nous sommes à la porte du château ! Vous, continua-t-il, avec une désinvolture magnifique, attendez-moi là, chauffeur ! Je n'en ai pas pour longtemps !

Escorté de leurs deux pas secs, il marchait plus vite qu'eux. De stupeur, ils ne disaient plus un mot, et le suivaient.

Le château donnait sur la place du village, dont il n'était séparé que par un bout de parc anglais.

Le trio pressé franchit les lices blanches, contourna quelques massifs. La porte, au-dessus du perron, était ouverte.

Les deux oncles et le neveu pénétrèrent avec une sorte de violence. Ils passèrent le vestibule ; puis la porte de la salle à manger fut ouverte et se referma d'un claquement de colère.

— Eh bien, monsieur ?... crièrent ensemble Horace et Édouard.

Ils étaient tous trois debout, face à face, entre le dressoir de chêne et la table épaisse, parmi les têtes de cerfs, les boiseries brunes, debout et ramassés dans un coin de l'immense salle, déjà tremblants de tout ce qu'ils allaient se dire d'épouvantable.

Irénée avait croisé les bras, et il fronçait les sourcils, comme s'il réfléchissait profondément avant de parler.

Une voix de nez s'éleva :

— Ton héritage, mon garçon, tu l'auras, puisque tu reviens pour ça. Mais je suis ton tuteur. Tu vas voir si, pour commencer, je ne te flanque pas dans une bonne maison de correction jusqu'à vingt et un ans !

Un éclat de rire du petit les fit sursauter. La lutte lui rendait le courage de vivre, certes !

— Pas encore !... les nargua-t-il avec des yeux comme des escarboucles bleues.

— Qu'est-ce que tu dis, galopin ?

— Je dis que vous allez m'écouter, messieurs de Charvelles, et me comprendre. Suivez-moi bien ! Et je vous prie de ne pas m'interrompre, surtout ! D'abord, *je ne suis pas venu pour l'héritage.* Ça vous en bouche un coin, hein ? Je suis venu pour voir maman... (Une seconde d'interruption.) pour voir maman que je n'avais pas embrassée depuis... très longtemps. J'ai appris qu'elle était morte... Hortense m'a tout raconté.

— C'est toi qui l'as tuée !

— Je vous défends !... Mais non. Je ne veux pas me mettre en colère, parce que je vous écraserais tous les deux comme deux vieilles mouches desséchées. Fermez ça, comprenez-vous ?... Non, non, oncle Horace, ce n'est pas la peine de sonner vos gens, parce que je vous ferai un tel scandale ici, que vous n'aurez jamais vu pareil ! Restons entre nous, je vous prie ! Je vous avais bien dit qu'il ne fallait pas m'interrompre.

Leurs mâchoires claquaient d'indignation. Ils échangeaient des regards aigus, avec quelque chose de maman, hélas ! dans leur nervosité, quelque chose qui fit qu'Irénée baissa le ton, troublé douloureusement par cet air de famille.

— Veuillez m'écouter, reprit-il avec calme, en évitant de trop regarder leurs vieux masques devenus si poignants pour lui.

Et ce fut presque tendrement qu'il développa :

— Croyez-moi. C'est dans votre intérêt que je vous parle, mes oncles. Voilà : donc, l'héritage, je n'en veux pas. Je vous le laisse. Faites-moi passer pour mort si vous voulez. Je ne porte pas mon nom et je ne le porterai plus jamais.

— Qu'est-ce que c'est ? Qu'est-ce que c'est ? sifflèrent-ils, abasourdis.

— Tenez, je vais vous dire tout mon secret. Je ne veux pas que vous puissiez croire que je suis devenu un apache, ou quelque chose de ce goût-là. Tel que vous me voyez, mes oncles, je gagne, à moi tout seul, cent mille francs par an.

Il crut entendre sa mère, et frissonna.

— Il est fou !… Il est fou !…

— Je ne suis pas fou, mes oncles. Je peux vous donner les preuves. Je fais partie d'un cirque. Vous savez peut-être que c'était ma marotte étant petit, et que mes frères s'amusaient à me faire faire des tours abracadabrants, surtout à cheval. J'en remercie leur mémoire ! C'est grâce à eux que j'exerce, maintenant, une profession si lucrative et qui me plaît tant. Je vois que vous commencez à me croire. Tant mieux. Maintenant, écoutez-moi bien ! Je vous jure sur l'honneur que vous n'aurez jamais d'ennui à mon sujet. Je suis mort, je vous dis. Seulement, de votre côté, il faut que vous me considériez, en effet, comme décédé, et que vous me fichiez la paix. Si vous refusez, si vous m'embêtez, à vingt et un ans je vous ferai une histoire si retentissante que vous en serez déshonorés jusqu'à la gauche, hein ?… et que vous en mourrez, entendez-vous bien ?

Les deux vieux hobereaux, pendant qu'il parlait, se regardaient avec un air étrange, hochaient la tête, échangeaient des signes auxquels Irénée ne comprenait rien.

Quand il se tut, attendant leurs exclamations, il eut la surprise de les voir se parler à l'oreille. Cela dura plus longtemps qu'on ne l'eût cru. Enfin, l'oncle Horace fit un pas vers lui.

— Nous ne voulons pas, dit-il, nous ne pouvons pas marcher contre ta destinée. Nous n'avons jamais rien pu faire de toi. C'est le sang qui parle en toi, retiens ce que je te dis. Nous acceptons le pacte. Nous voulons croire que tu restes un homme d'honneur malgré ton dévoiement, et que l'esprit des Charvelles, l'esprit de ta mère est tout de même en toi quelque peu. Pas de scandale, pas d'histoire. Du reste, au premier éclat, c'est la maison de correction. Nous te laissons donc libre, n'est-ce pas, Édouard ? Tu peux retourner vers la vie de tzigane que tu as choisie... Mais, ajouta-t-il avec un petit geste mesquin, tu nous permettras de te donner quand même quelque chose en héritage. C'est une correspondance que nous avons trouvée dans le secrétaire de ta mère quand elle est tombée dans l'état qui a précédé sa mort.

Dans les petits yeux noirs d'Horace de Charvelles, et aussi dans ceux de son frère, une sorte de gaieté pétillait, à présent, comme si le paquet qu'ils remettaient à leur neveu eût été une attrape fort amusante pour eux.

Irénée flaira quelque vengeance. Il ne dit rien pourtant qu'un « merci » faible.

— Adieu, notre neveu !

— Adieu, mes oncles !

Les mains ne se tendirent pas. La porte de la salle à manger s'était refermée sans bruit.

CHAPITRE XVI

Paris, mardi.

Ma chère Marguerite,

Nous sommes à Paris depuis une quinzaine. Excusez-moi d'avoir tant tardé à vous répondre. Il a fallu m'occuper de mes deux fils avant leur rentrée au lycée ; vous vous doutez de tout ce qu'il faut à des garçons qui grandissent. C'est la dernière année de François, car je suis bien sûre qu'il sera reçu à son baccalauréat du premier coup. Marcel est intelligent aussi, mon mari dit même qu'il sera supérieur à son frère. Mais ce n'est pas d'eux que je veux vous parler. Je sais que vous n'adorez pas cette paire. Vous lui reprocherez toujours de n'être pas la petite Irène.

Ce que je veux vous apprendre, c'est une grande nouvelle. J'ai fait la connaissance d'Alexandre Obronine !

Que n'êtes-vous à Paris pour vous réjouir et vous enorgueillir avec moi ! Car ce n'est pas tout ! Le merveilleux génie, fantasque comme tous les Russes le sont, paraît-il, a déclaré qu'il tenait à m'entendre au piano, parce qu'il sentait qu'il n'aurait jamais de meilleur accompagnateur que moi.

Cela s'est passé au dîner de la comtesse de Massave. J'y allais en rechignant, moi qui suis si peu mondaine. Jugez de ma surprise, de mon éblouissement quand on m'a présenté le grand violoniste. (Vous vous souvenez de nos larmes à son dernier concert ?) Pour comble de joie, on m'avait mise à sa gauche à table. Vous entendez d'ici notre conversation. Musique ! musique ! musique !

Vous dire l'homme étonnant qu'il est ne me serait pas possible. Simple comme un enfant, original, par moments, à vous démonter, puis, à d'autres, perspicace comme un La Bruyère. Ce qu'il m'a dit de tous les convives de ce dîner, pendant le reste de la soirée, était criant de vérité, alors qu'il les voyait pour la première fois. On dirait que son regard voit dans le dedans des têtes. Mon mari dit que c'est très slave, cette espèce de divination des êtres, jointe à des moments de vraie déraison comme il semble en avoir. Et quel esprit ! Enfin, j'ajoute, égoïstement, qu'il ne s'est occupé que de moi, bien qu'il y eût là des femmes autrement jeunes et jolies que moi. J'attribue ce phénomène à mon amour de la musique qui lui a plu, sans doute, dans une maison où personne n'en fait ; mais, malgré tout, j'étais extrêmement flattée, comme vous pouvez le croire. Mon mari aussi, du reste.

Vous savez qu'il n'est pas jaloux, et pour cause, connaissant mon cœur et, surtout, mes rigides principes religieux. Par contre, la comtesse et ses amies étaient si visiblement dépitées que j'en étais toute confuse.

Enfin, résultat d'un si beau soir : Alexandre Obronine a promis qu'il viendrait un jour chez moi, pour faire de la musique avec moi. Je suis folle de joie et d'épouvante à la fois. Pouvais-je ne pas vous raconter cela ?

Au revoir, ma chérie. J'attends une bonne lettre de vous, sans faute. De mon côté, je vous tiendrai au courant de mes nouveautés.

Votre belle-sœur qui vous aime,

Marie D<small>ERBOS</small>.

Ce jeudi.

Marguerite, Marguerite, il est venu aujourd'hui ! Quel événement ! Vous savez par mes précédentes lettres que je n'espérais plus rien de ce Russe de génie, et que j'avais pris mon parti d'être totalement oubliée de lui, malgré ses promesses au dîner Massave. Et voilà. Cet après-midi, comme j'allais sortir pour des courses, on sonne. Je n'attendais personne, naturellement, mais le plus curieux c'est que j'ai deviné que c'était Obronine. Il est entré. J'ai eu un battement de cœur terrible. Pensez donc ! Il avait sa boîte à violon à la main. « Je viens jouer avec vous, a-t-il dit sans même me saluer. Mais je vois que vous avez votre chapeau. Vous sortez ? »

Vous pensez si le chapeau a promptement quitté ma tête. Et nous voilà, séance tenante, installés, moi devant le grand Erard, lui à côté de moi. Il avait apporté de la musique.

Ah ! Marguerite, quelle journée ! De quatre heures à sept heures, nous avons déchiffré sans nous lasser, des sonates de Mozart, de Hœndel, les deux de Schumann (que je ne connaissais pas), d'autres choses encore... C'était palpitant, enivrant, je n'étais plus sur terre. Mon mari est rentré que le violoniste était encore là. Nous voilà causant tous trois. Il ne partait pas. Timidement, sentant l'heure tourner : « Voulez vous dîner avec nous ?... » Quelle bonne grâce dans son acceptation ! J'étais honteuse de n'avoir qu'un menu ordinaire.

À table, il a parlé de la politique du monde entier avec une compétence qui subjuguait mon bon gros Derbos. Et, sitôt le café pris : « Jouons encore, madame ! »

Ma chère, il était encore là à deux heures du matin ! Vous me croirez si vous voulez. Mon mari dormait consciencieusement dans un fauteuil. Je tremblais à cause des voisins. Il faut apprendre à connaître les Russes, décidément.

Il a dit qu'il reviendrait la semaine prochaine. Si la séance est aussi longue, je crois que Paul Derbos ne pourra pas tenir jusqu'au bout, ni les voisins non plus. Que dois-je faire ? Vous me donnerez votre avis là-dessus, chérie, n'est-ce pas ?

Je vous embrasse tendrement.

MARIE.

Samedi.

Non, chère Marguerite, il n'est pas encore revenu.

Vous me demandez comment il est de près ? Mais comme nous l'avons vu au concert. Grand rasé, le front énorme, les cheveux fous, frisés, noirs, des yeux d'Oriental, les pommettes hautes et accentuées, le teint très pâle, la bouche mince et sarcastique, le nez presque Kalmouk — un étranger, en un mot. Il parle correctement le français, avec un accent très prononcé qui roule les R.

— Une aventure, vous avez bien raison ! Il faut que la musique soit plus forte que tout pour que je sois à ce point sortie de ma manière d'être habituelle. Mais mon mari m'encourage, très flatté d'avoir reçu à sa table une telle célébrité. S'il en était autrement, vous pensez bien que ma mélomanie elle-même ne tiendrait pas devant un froncement de sourcils. Du reste, je suis sûre de moi ! Vous n'oubliez pas que je suis une ex-future religieuse ? Et puis, le pauvre Obronine est à cent lieues de penser à me faire la cour. On sent qu'il n'aime que son violon — et comme il fait bien !

En hâte aujourd'hui, toujours tendrement.

MARIE.

Ce lundi.

Quelle joie de vous voir arriver, Marguerite chérie ! Nous allons avoir de vraies petites fêtes musicales à vous donner, car Obronine *est revenu ; et il a dit qu'il reviendrait chaque samedi — votre présence sauvera mon pauvre Paul, noyé dans les flots d'harmonie qui l'endorment — mais comment résister à ce Russe sans façons ? « Cher, a-t-il dit à Paul, ne m'appelez plus monsieur, mais Sacha. Chez nous, c'est le diminutif d'Alexandre. » Et il a ajouté, comme si c'était la chose la plus naturelle du monde : « Et vous aussi, ma dame. »* (Lettre déchirée à cet endroit).

En marge, de l'écriture de tante Marguerite :

Une colère d'Édouard a détruit le reste de cette lettre, et toutes les autres. Vous savez bien, Marie chérie, que notre intimité l'agaçait. Je n'ai donc pu vous renvoyer, avec l'autre chose, que cette partie sauvée de votre correspondance de cette époque-là. Pardon. S'il n'avait déchiré que cela dans ma vie ! je griffonne en hâte, car vous savez qui attend en bas. Marie, Marie, je vous aime encore plus qu'avant. Je comprends tout. Mais ne rendez pas responsable notre Irénée. Je vous en supplie à genoux, aimez-le toujours. Si cela vous est possible encore une fois, je vous écrirai longuement par le même intermédiaire. Car j'ai peur de la poste, peur de tout pour vous.

MARGUERITE.

...Les lettres s'arrêtaient là. Tremblant un peu plus fort, Irénée prit le cahier de feuilles reliées par une épingle rouillée, et classé à la suite de ces lettres.

L'écriture de tante Marguerite, une fois de plus, avait inscrit en tête de cette sorte de journal : « Rendu à ma très chère Marie, selon son désir, le 17 juin 1908. »

Marguerite, Marguerite, c'est moi. Vous aurez compris de suite d'où vous venait ceci, en voyant qui l'apportait jusqu'à vous. Je n'en puis plus. Il faut que je confie à quelqu'un le drame de ma vie. Et qui voulez-vous que soit ce quelqu'un, sinon vous, la seule qui puissiez me comprendre, m'aider à supporter le poids qui m'écrase ?

La vie — ou plutôt nos maris et leur misérable brouille — nous ont séparées, ma chérie. Mais je sais que vous m'aimez toujours comme je vous aime. Notre adorable petit Irénée est encore venu resserrer les liens de notre affection, lui pour lequel vous aviez écrit cette Légende de la Sirène qui m'a si souvent consolée quand je pleurais notre séparation !

Marguerite, pardonnez-moi de ne vous avoir pas toujours dit la vérité, d'avoir pu si longtemps vous cacher le secret de ma vie.

C'est un secret plus terrible encore que je ne me l'imaginais, j'en ai maintenant la certitude.

Mais je parle par énigmes. Je vais donc tout vous dire. Cependant, il faut, dès que vous les aurez lus, rendre ces papiers à la personne qui vous les remettra et qui attendra, si toutefois elle arrive jusqu'à vous sans encombre. Mais je dois bien avoir calculé l'heure où Édouard n'est pas au château. Moi seule, de cette façon, serai maîtresse de garder ou de détruire ceci, ainsi que les premières lettres au sujet d'Obronine que vous voudrez bien me rendre aussi par la même occasion.

Car, vous le soupçonnez peut-être, c'est encore d'Obronine qu'il va être question ici.

Marguerite, je rougis toute seule en traçant ces mots qui sont ma honte éternelle : Obronine a été mon amant.

Ne repoussez pas ces feuilles, ne me méprisez pas avant de continuer. Je ne suis pas si coupable que vous pourriez le croire au premier abord.

Prenez connaissance de ma malheureuse histoire, et ne me jugez que lorsque vous aurez tout lu.

Vous savez comme moi, puisque vous avez assisté à Paris, voici bientôt sept ans, aux commencements de notre amitié, que, seule, la musique nous occupait tous deux. Du moins, pensais-je à cette époque qu'il en était de lui comme de moi. Mon enthousiasme pour son génie, je le jure devant Dieu, n'était empreint d'aucun autre sentiment. Son violon était pour moi comme une constante prière. Rien, ni mes devoirs religieux, ni mes devoirs maternels et conjugaux, n'était écarté du fait de cette intimité musicale, qui durait depuis des mois, et que, du reste, mon mari et même mes enfants ne cessaient d'encourager.

Un soir (oh ! Marguerite, ce soir-là, j'en reverrai toute ma vie les moindres détails), Obronine, une fois la musique terminée, mon mari étant parti se coucher depuis plus d'une heure, me regarde d'un air si étrange que je commence à avoir peur.

J'étais habituée déjà à ses bizarreries, à ses sautes d'humeur, à ses silences, à ses flots de paroles, à ses divagations d'artiste un peu fou par moments.

— Marie, me dit-il, m'appelant par mon nom pour la première fois, j'ai une confidence à vous faire. Je suppose que vous l'avez deviné déjà : je vous aime. Je vous aime comme je nai jamais aimé personne au monde, simple et sage Marie. Je vous aime à en devenir fou. Je vous aime (et il grinçait des dents !) comme un tyran, et je suis si jaloux de vous que je pourrais parfois tuer votre mari, et même vos deux enfants, parce que ces trois-là sont mes rivaux et que je les hais.

Je m'étais levée, voulant me retirer à l'instant. Il me barre la route et tombe à mes pieds en sanglotant avec une telle violence que l'épouvante m'immobilise sur place.

— Marie, continue-t-il à travers ses larmes insensées, je ne vous l'aurais jamais dit, car j'ai compris quelle femme vous étiez. Mais demain je pars pour la Russie, et vous ne me verrez plus jamais.

J'étais bouleversée de tout ce qu'il venait de dire. Mais l'annonce de ce départ, Marguerite, ce fut pour moi comme une révélation foudroyante. Hélas ! Hélas ! Je l'aimais aussi. Tout ce que j'avais cru donner à la musique, c'était à lui que je l'avais donné !

— Vous n'allez pas partir !

J'avais crié cela malgré moi. Et, dans le ton que j'y avais mis, il devinait trop bien que c'était un cri d'amour.

Et voilà l'effroyable suite de cette scène.

— Marie... Vous m'avez dit tout à l'heure que jamais je n'avais joué comme ce soir. C'est vrai. Ce soir, c'était mon chant du cygne, ma bien-aimée. Car non seulement je vais partir, mais je vais très probablement mourir.

Je le regardais, muette d'horreur. Il s'est relevé, m'a serrée dans ses bras, et je ne pouvais plus résister, malheureuse que j'étais !

— Marie, ce n'est pas tout ! Écoutez-moi bien. Je suis du parti nihiliste, et désigné, je le sais depuis hier, pour lancer la prochaine bombe qui doit faire sauter enfin notre tsar et sa famille. On ne peut se défier de moi à la cour... Je suis violoniste... Je sais quel est mon devoir. Je partirai demain pour la Russie. Je n'ignore pas que je sauterai fatalement avec mes victimes, ou bien que je serai pris et exécuté. C'est donc à la mort que je vais. Mais on est lâche, malgré tout son courage. J'ai voulu que, du moins, la douce femme que j'ai aimée en silence sût que je l'aimais, afin que son souvenir me reste après ma mort. C'est tout. Je m'en vais à présent. Adieu !

Comment vous décrire ce qui s'est passé ensuite ? En sanglots à mon tour, je le suppliai de renoncer à son crime. Je priai pour ceux qu'il allait tuer, pour lui-même, pour moi... Enfin...

Enfin, Marguerite, — oh ! que Dieu me pardonne cela — j'ai été à lui. J'ai été à lui sur le serment qu'il renonçait à son abomination. Une consolation dans mon malheur irréparable, c'est que j'ai épargné des existences, arrêté un

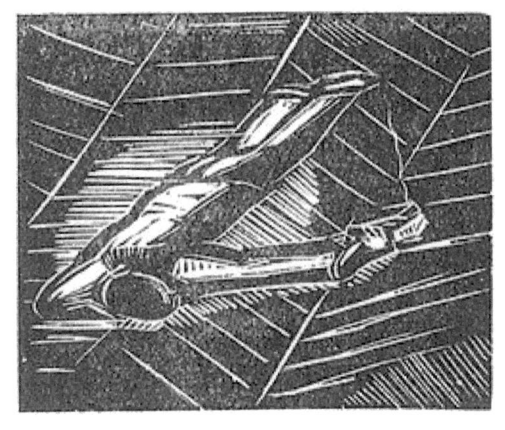

crime effroyable, que j'ai empêché un malheureux exalté de mourir assassin.

Car il est mort, Marguerite, vous le saviez, mais vous ignoriez, comme tout le monde, la cause de ce suicide qui a bouleversé Paris.

Je me hâte d'achever, car ma plume ne tient plus dans mes mains.

Le lendemain (à l'heure où Paul est à son bureau), un étranger demandait à me parler. Je pressens qu'il vient de la part d'Obronine. Je le reçois. C'était un grand Russe hirsute et famélique. Je m'aperçois en l'interrogeant, affolée, qu'il ne sait pas un mot de français. Sans me regarder, il tire de sa poche une lettre et la pose sur le pupitre du piano, puis s'en va sans saluer.

Cette lettre posée là, je la verrai toute ma vie. Cette lettre, aussitôt brûlée, je la sais par cœur.

« Marie,

« Vous avez voulu que je n'accomplisse pas la tâche qui m'incombait. Je vous ai cédé. J'ai été lâche. Je ne puis donc plus vivre. Je meurs déshonoré, mais non désespéré, car vous m'avez donné plus que l'honneur et plus que la vie. On retrouvera mon corps chez moi et les lettres qu'il faut pour la police. Ma dernière pensée est pour vous qui, pendant des mois, avez été pour moi l'archange pur de la musique. Je vous adore.

« S<small>ACHA</small>. »

Vous croyez peut-être, Marguerite, que mon calvaire se termine là. Non. Ce n'était que le commencement.

Vous qui m'avez soignée à ce moment-là, savez quel était mon état après un tel coup. Mon pauvre Paul et vous-même trouviez naturel que le suicide du musicien m'eût atteinte si profondément. Et plus tard, quand je m'aperçus que j'allais être mère, vous vous réjouissiez avec mon malheureux mari de ce dérivatif que, malgré sa rudesse ordinaire, Paul avait si tendrement souhaité.

Mais moi !

Cet enfant sera-t-il celui de Paul ou celui de Sacha ? J'avais toutes les raisons d'hésiter entre les deux pères. Oh ! que l'humiliation qui m'écrase pendant que je trace ces mots de courtisane me soit comptée sur ma part d'enfer !

L'enfant est né. Vous n'avez pas, alors, pu comprendre ce qu'il y avait dans ce cri que j'ai poussé lorsque vous m'avez annoncé, souvenez-vous : « Il ressemble à la petite Irène ! »

Il me semblait que j'étais sauvée, que cette ressemblance avec mon premier enfant prouvait miraculeusement que le nouveau-né n'était pas d'un autre sang. Je croyais que Dieu lui-même voulait me montrer qu'il me pardonnait.

Et puis…

Marguerite, la dispute violente de nos maris nous a séparées, hélas ! Vous n'avez pu continuer à suivre le développement de notre Irénée. Peut-être auriez-vous avant moi deviné ce que je ne voulais pas admettre dans mon épouvante d'honnête femme — oui, d'honnête femme malgré tout, Marguerite.

Maintenant, la preuve est faite. Dieu a mis tous les raffinements dans mon châtiment. Cet enfant a aujourd'hui cinq ans. Voilà cinq ans que je l'étudie en essayant de nier. La mort même de mon mari ne m'a pas distraite d'une si ardente observation. Hélas ! cet enfant est le fils de Sacha Obronine.

Les yeux de la Sirène, ma chérie, n'étaient là que pour mieux nous tromper. Le petit Irénée a tout de son père. Je bénis le ciel que mon pauvre Paul soit mort avant d'avoir eu le temps de s'apercevoir des preuves, qui, dans ce petit, crient à haute voix l'adultère.

Car ce n'est pas seulement à cause de la structure de son visage, qui peu à peu reproduit, à travers le masque d'Irène de Charvelles, les pommettes hautes, signe de la race étrangère. Ce n'est pas à cause de son nez court où demeure le souvenir atténué du type kalmouk. Ce n'est pas à cause de cette teinte foncée, marque orientale, apparaissant lentement autour de ses yeux bleus qui devraient être noirs. Tout cela échappera à d'autres regards que les miens. Ce que je constate dans le domaine moral est bien plus terrifiant. Cet enfant a tout de son père, vous dis-je ; ses bizarreries, ses sautes d'humeur, sa perspicacité formidable, déjà présente chez un être si petit, tout, jusqu'à son amour de la musique (il pleure chaque fois que, pour l'éprouver, je remets mes mains sur mon piano à jamais fermé), tout jusqu'à ses instincts anarchiques, tout jusqu'à ses sanglots passionnés, jusqu'à sa tyrannie d'amoureux jaloux des deux autres, tout jusqu'à son goût des chevaux, qui lui vient en droite ligne des steppes où les ancêtres du malheureux Sacha, comme il me l'avait souvent raconté, galopaient sur des bêtes déchaînées.

Je vous ai dit, Marguerite, que mon calvaire ne faisait que commencer. Ah ! que Dieu punit bien ceux qui lui manquent !

Cet enfant idolâtré, cet enfant préféré, je n'ose plus l'aimer. Il me semble que je léserais les deux autres, qui ont tous les droits, que je leur porterais malheur. Il me semble que je continuerais l'adultère. Le penchant que j'ai pour lui me paraît coupable comme la perpétuation de cet amour que, sans le savoir, j'avais nourri dans mon cœur pour le musicien de génie qui devait être son père. Cet enfant est mon péché vivant, mon remords fait chair, ma condamnation.

Ses frères, insouciants et superficiels comme ils le sont, ne s'aperçoivent de rien, heureusement. Mais, lui, pauvre petit, quelle va être sa destinée ? Déjà je l'écarte de la musique pour laquelle il était né, et à laquelle il n'a pas droit, parce qu'elle serait l'affichage public de son origine. Déjà je l'écarte de ma tendresse passionnée à laquelle il n'a pas droit non plus, parce qu'elle prolongerait mon crime. Il est mon enfant, et je dois le fuir comme on fuit un tentateur. Innocent, il faut qu'il subisse le joug, qu'il soit frustré de sa mère, parce que cette mère a commis la faute sans pardon.

Parfois, quand il lève sur moi ses beaux yeux qui ne comprennent pas... Mais non. Je ne puis m'étendre sur ce déchirement de tous les jours. Pardonnez-moi. Je pleure à chaudes larmes en vous écrivant, ma chérie. Je ne puis plus. Avez pitié de votre misérable belle-sœur, qui n'ose plus vous embrasser.

Votre malheureuse,

MARIE.

CHAPITRE XVII

L'AFFICHE lumineuse, lettres géantes aux couleurs de l'arc-en-ciel, éclairait déjà l'avenue élégante où les arbres d'hiver frissonnaient. Ce n'était qu'un nom sans commentaires. Mais tout Paris savait déjà ce que représentait ce nom : *Irénine*.

Une première partie, composée de ballets ukrainiens encore inédits, préparait l'atmosphère et meublait le programme. Un des meilleurs orchestres de Paris corsait encore l'attrait d'un tel spectacle.

Enfin, les trois coups, l'obscurité complète, le rideau qui se lève sur des lueurs et des ombres, l'orchestre qui attaque *La Danse du Feu*, de Manuel de Falla.

Alors, traversant les nuées du décor d'un saut si formidable qu'on ne peut pas ne pas dire qu'il vole, Irénine apparaît sur son cheval, coursier noir et cavalier vêtu de flammes, vision surnaturelle qui remplit la salle d'une sourde clameur.

Maintenant, sur les basses insistantes de la géniale incantation, le cheval, comme ceux des fantasias orientales, piétine, refréné, si bien mis au point pendant les heures mornes du manège, qu'il semble, ensorcelé par la musique, inventer de lui-même toute cette fougue parfaitement en mesure qui tend et détend ses nerveuses jambes à reflets bleus. L'illusion est d'autant plus complète qu'Irénine ne paraît pas un instant s'occuper de sa monture, sinon pour faire corps avec elle dans un élan de furieuse inspiration. La musique monte, l'étalon se cabre, le petit génie ailé qui l'enfourche va, le serrant entre ses genoux, l'entraîner à sa suite dans l'espace vers lequel il s'élance de tout son torse, les deux bras jetés vers les astres.

Les flamboiements qui rampaient à terre éclatent en hautes flammes qui montent aussi. Tout va disparaître dans les nuées, verticalement aspiré.

Non ! Le cheval retombe. Les flammes redescendent. Une hésitation qui suit la musique se manifeste par des pas, des balancements, des élans commencés qui ne s'achèvent pas. La bête enfin s'affaisse lentement à genoux, le front par terre, le cavalier pend parmi ses voiles tristes.

Mais, à l'orchestre, la rage espagnole recommence. Relevé, le cheval piaffe. Longtemps se déroulent les épisodes de cette chorégraphie incantatoire, mathématiquement adaptée aux notes. Des flots de véhémence montent de la scène où se passe cette espèce de miracle furibond. Ce n'est bientôt plus qu'un tourbillon scandé par des arrêts brusques et repartant « au temps » avec la musique. « Comment est-ce possible ?... » se demandent les spectateurs béants, tant que dure cette démence magnifique. Car ils ne savent plus ce qu'ils voient, tant la rotation est devenue folle.

Et, tout à coup, c'est autre chose. Cabrant à droite, cabrant à gauche, cabrant de tous les côtés à la fois, la bête debout s'est changée en une chimère noire qui oscille dans le feu, selon la plus voluptueuse cadence. La fin se pressent dans son accélération insensée. Des quatre pieds, voici que l'animal bondit sur place, vingt fois, sur le même accord, qui, vingt fois, obsédant, implacable ne veut pas que soit enfin terminée la danse hallucinée.

Une ruade finale. Silence subit, total : ténèbres absolues. La musique s'est tue, les flammes se sont éteintes. Au même instant, une lueur d'aube commence dans le fond obscur.

Calme sur son immobile et sombre cheval, Irénine réapparaît dans ses voiles, revenus, hors des projections on doyantes, à leurs couleurs naturelles qui sont le brun et le roux foncé ; Irénine n'est plus, au centre de la scène où le jour se lève derrière lui, qu'une statue de bronze, une statue équestre, figée là pour toujours. Doucement le rideau descend dans un mutisme de mort. Ni la bête, ni l'humain n'ont plus même un frémissement.

Un hurlement d'admiration fit exploser la salle entière.

Le génie, quand il éclate avec cette autorité de tonnerre, force la foule la plus disciplinée à lui répondre par des moyens de primitifs. Les snobs eux-mêmes crevaient leurs gants, trépignaient, les femmes ligotées de perles criaient comme des sauvages.

Quand Irénée revint, en pleine lumière, sur son cheval couvert d'écume, le délire augmenta, contre toute possibilité. Des bouquets volèrent, des gants, des écharpes, tout ce qui tombait sous les mains frénétiques. La clameur unanime épouvantait le cheval frissonnant.

Sur la scène aménagée pour les circonstances, couverte de ce tapis de cirque non soupçonné tout à l'heure, le petit cavalier dut revenir indéfiniment. On finit par laisser le rideau baissé, malgré les rappels qui continuaient. Le programme avertissait que le spectacle reprenait au bout de trois minutes et qu'il ne fallait pas quitter la salle. Or, il y avait presque une demi-heure qu'Irénée saluait.

La seconde danse fut immaculée et lente.

Irénine, dans un clair de lune, venait, couronné de myrtes, vers les spectateurs, sur un adagio de Gluck, du fond de la scène où des nuages de tulle s'écartaient sur son passage. En le voyant surgir, drapé de lins très légers, sur son cheval de neige, savaient-ils tous que cette évocation impressionnante était née au fond d'un vieux parc d'enfance, au pied d'un pauvre coursier de plâtre, verdi de mousse ?

Le marbre vivant composait, défaisait et recomposait avec une majesté solennelle une suite de statues blanches, tour à tour d'ombre et de lumière, parmi des cyprès fuselés.

Il y eut une cabrade immobile, pendant quelques secondes, qui fit gronder la salle, à bout d'émerveillement. Il y eut des allusions aux frises du Parthénon, à tous les bas-reliefs de l'histoire ancienne, à tous les quadriges qui couronnent les arcs de triomphe, à tous les groupes équestres sur les socles des jardins. Puis, comme l'adagio, très court, se terminait, tandis que le cheval reculait doucement dans les brumes qui se refermaient à mesure sur lui, ce fut une série de spectres sans couleur qui se dressèrent de face, de profil, attitudes de plus en plus stables, jambes blanches du cheval en suspension dans l'air, bras nus du cavalier arrêtés dans leur extase, jusqu'à ce que le dernier brouillard, sur la note finale, eût intercepté le dernier groupe, faiblement aperçu tout au bout de lieues, eût-on dit.

Cette fois encore, les rappels s'éternisèrent. L'admiration de la foule avait emprunté quelque chose de sa noblesse à ce grand poème sans paroles. On criait moins. Mais certains yeux étaient scintillants de larmes. Par ailleurs, la différence profonde qui séparait ces deux danses stupéfiait. On se demandait comment la troisième pourrait être encore une nouvelle révélation.

Elle le fut.

Balakirev ? Moussorgski ? À l'orchestre une galopade furieuse, qui sentait le massacre et la révolution, fit frémir la salle. On devinait que l'arrivée du cavalier, qui tardait savamment au milieu de cette symphonie barbare, allait être évocatrice de quelque grand drame moscovite, ancien ou moderne.

Pour cette danse, celle à laquelle il tenait le plus, Irénine avait utilisé, en la transformant, la voltige à la Richard, celle de Dimitri Cosaque du Don. Quand il bondit enfin sur la scène, ce fut sur ses pieds, galopant aux côtés de son cheval ventre à terre, un petit étalon gris acheté dans le Sahara, hirsute, décoiffé, longs poils aux pieds, actions violentes.

Un casque d'argent, des bottes d'argent, des culottes bouffantes de Prince de légende vêtu de jade, une panthère aux reins, la poitrine à demi découverte, les bras dénudés dans les manches déchirées, Irénine, dans son désordre d'un art suprême, était si divinement souple et beau que, pour le coup, malgré la musique, les applaudissements éclatèrent.

La lutte avec le cheval dressé tout debout, sabots menaçants, puis le bond de félin dont il l'enjamba ; les défenses inouïes de la monture indomptée, les renversés par lesquels, au beau milieu des ruades folles, le guerrier ramassa par terre sa lance, puis son étendard ; la charge du cheval à travers la scène immensément ouverte évoquant des plaines blanches d'hiver parcourues de lueurs d'incendie ; le cavalier tombé traînant entre les quatre sabots emportés ; le redressement qui le remit en selle ; la pyrrhique chevaline qui suivit, tandis que la lance, jetée en l'air voltigeait dans les mains du héros debout sur ses étriers, il y eut toutes les émeutes et toutes les batailles dans cette pantomime vertigineuse et qui faisait passer des frissons dans les dos.

La bouche grande ouverte, le casque tombé, les cheveux rebroussés, Irénine semblait pousser d'exaltés cris de guerre. À lui seul, il figura des armées, se défendit longtemps contre un ennemi plus fort.

La musique haineuse précipita ses rythmes heurtés. Sur un jet de catapultes sorti des timbales exaspérées, son cheval et lui tombèrent enfin, roulèrent avec les dernières notes ; et le rideau, d'un seul coup, descendit sur cette agonie violente dans le sang et dans la neige.

Il avait dépassé toutes les possiblités. La moitié du théâtre, après les ovations, prétendit s'enfourner dans la loge du petit triomphateur.

Son rêve de poète, il l'avait accompli. Il avait fait quelque chose que personne ne pouvait faire. Il les avait écrasés de beauté, d'adresse, d'art, de lyrisme, de courage. Il avait été le petit Tamerlan de la triste foule noire. Et, maintenant, l'apothéose commençait.

La petite fille énigmatique qui souriait debout dans ce coin de la loge, vêtue de satin noir, à peine décolletée, chargée d'émeraudes, finissait par intriguer le long défilé.

Roulé dans ses fourrures, Irénine, pantelant encore, disait sans rien expliquer, en l'enveloppant de ses yeux de sirène :

— C'est Mamar.

Et comme elle ne prononçait pas une parole, ils concluaient tous et toutes : « Une Russe qui ne sait pas un mot de français. Sa maîtresse ou sa sœur. On ne sait pas. »

Cinquante soupers attendaient le petit dieu haletant. Dans la cohue il y eut Johny John, et il y eut lady Hampton. Dans les lecteurs de la presse affolée de demain, il y aurait l'oncle Édouard et l'oncle Horace qui devineraient bien qu'*Irénine* c'était la contraction d'Irénée et d'Obronine, l'union définitive de deux noms et de deux races. Pourquoi la mère Hortense était-elle morte depuis trois mois ? Il y aurait aussi la famille Lénin, restée boudeuse malgré le riche mariage auquel elle n'avait pas manqué de donner son consentement empressé ; il y aurait aussi la famille Maletier, Albertine, tous ceux qu'il avait connus et qui ne sauraient pas...

Le petit dieu haletant pensait à ces choses. Les gens le harcelaient. Il répondait n'importe quoi. Ses yeux d'azur s'immobilisaient sur un rêve lointain. « Il y aura tous ceux-là, mais il n'y aura pas maman... »

Il finit par accepter un des soupers au hasard. Il fallut enfin faire évacuer la loge, ses abords, l'escalier où la queue continuait.

— J'irai d'abord reconduire ma femme à Auteuil, déclara-t-il. Elle a déjà trop veillé.

Les regards stupéfaits se tournaient vers la petite Lénin.

« Il a dit *sa femme !* »

— Mamar, tu vas dormir pendant que j'irai à leur souper. Dors bien, mon petit oiseau chéri, parce que, quand je reviendrai, nous partirons dans la voiture, pour un pays que tu ne connais pas et où il faut que j'aille. Je veux arriver juste à l'aurore. Nous serons revenus à temps pour la représentation de demain soir.

La limousine arrivait dans l'aurore, ainsi qu'il l'avait calculé, juste à ce tournant de route où il entendait descendre.

— Viens, Mamar ! Nous faisons le reste à pied ! L'auto nous attendra là.

C'était la première fois, sans d'ailleurs lui en révéler le sens, qu'il l'emmenait vers les mystères de son enfance.

« Il faut bien que je présente ma femme à maman, en même temps que je lui raconterai mon triomphe ! »

Il souriait d'avance, enfant halluciné.

La maison n'avait pas été vendue, la vieille Hortense, avant de mourir, le lui avait certifié dans toutes ses pauvres lettres reconnaissantes.

Il se voyait déjà devant le lit vide, seul vrai tombeau de la morte adorée. Il ne parlerait pas. Les spectres entendent le silence. Il penserait :

— Vous voyez, maman, c'est ma petite compagne, bien simple, bien douce, qui ne dit jamais rien et qui me laisse la rendre heureuse à ma façon sans me demander mes raisons. Ce n'est pas un reproche, maman bien-aimée. Je sais tout ce que vous souffriez. C'est pour cela que je viens vous dire que, moi aussi, je suis glorieux comme Sacha, plus glorieux que lui même, par d'autres moyens. Je n'ai pas déshonoré mon sang, n'est-ce pas ? Vous pouvez être fière de votre fils, dites maman, maman qui m'aimiez en secret comme je voulais, maman qui étiez devenue si innocente entre vos deux nattes grises, avec vos yeux qui ne regardaient plus rien, depuis qu'ils avaient vu, pour la seconde fois, la lettre, la lettre fatale qui annonce la mort…

Il serra si fort le bras qu'il tenait que Marie Lénin, sur la route, se tourna pour le regarder.

Il pleurait sans le savoir. Elle continua de marcher à son côté, n'osant faire une seule remarque.

— Voilà la grille !

Elle était grande ouverte. Pourquoi ? Le cœur étreint, il entraînait Marie, presque en courant, à travers le parc.

Quand ils eurent atteint ce qu'il voulait voir d'abord :

— Le cheval ?… Où est le cheval ?…

Car le vieux bosquet, vide de sa statue de plâtre, était ravagé, piétiné, défiguré.

— Oh ! mon Dieu !… Viens vite ! Viens vite !…

Le soleil levant éclatait à travers le bois sec de l'allée d'hiver.

Irénée, au bout de cette allée, s'arrêta net.

— La maison ?... Où est la maison ?

Car il n'y avait plus qu'un amas de démolitions.

Des brouettes, des pelles, des pioches lui apprenaient que la demeure n'était pas tombée en ruines, mais qu'on l'avait rasée, pour en reconstruire une autre, évidemment, car des monceaux de briques neuves attendaient déjà là.

— Maman !... fit-il, dans un cri sourd, en lâchant le bras de sa frêle compagne.

Elle le vit s'avancer de trois pas égarés, puis reculer, le front dans la main. Sa stupeur se prolongea longtemps. Enfin, d'un bond, il fut au milieu des plâtras qu'il examina longtemps, le front bas, qu'il fouilla un à un, baissé dans la poussière.

Ce qu'il cherchait, cherchait comme l'ultime débris d'un trésor perdu, ce qu'il ne trouvait pas, c'était un ou deux petits bouts de verre coloriés venus du couloir qui précédait la chambre de maman. Mais tout lui était refusé, même cela. Féerie néfaste, son vieux cheval de plâtre, père abstrait de ses étalons vivants, s'était, d'un bond invisible, précipité dans le néant. Sa maison croulante, habitée par des ombres, avait disparu.

Restée à sa place, la petite Lénin n'osait pas faire un geste. Irénée revint enfin vers elle avec des yeux tels qu'elle se retint pour ne pas crier.

Il l'avait reprise au bras et, de nouveau, l'entraînait en sens inverse.

— Allons-nous-en ! Allons-nous-en vite ! Vite !

Au tournant de l'allée, il se retourna pour regarder encore ce qu'il laissait derrière lui. Même morte, sa mère, une fois de plus, se refusait à sa tendresse.

Peut-être comprit-il enfin l'image de son destin. Les briques neuves s'élevaient à côté de la démolition. Sur les ruines de son enfance, il devait songer, maintenant, à édifier sa jeunesse, sa vie, sa nouvelle vie.

Encore une fois il avait lâché le bras de sa femme-enfant. Elle le dévorait du regard, avec toute l'angoisse du monde dans ses yeux de caniche. Il chancela, parut prêt à tomber. Puis revenant à lui, il se jeta véritablement sur elle. Et, la serrant avec désespoir dans ses bras, secoué de sanglots enfantins qui roulaient sa tête sur la chétive épaule :

— Mamar, pleura-t-il, orphelin lamentable, pleura-t-il, comme si toute sa jeune gloire qui débordait ce matin même dans les journaux n'eût pas été là devant lui. Mamar, oh ! aime-moi bien, ma chérie !... J'ai tout perdu, tout perdu... Je n'ai plus que toi, Mamar... Je n'ai plus que toi !...

FIN

LE LIVRE MODERNE ILLUSTRÉ
EST TIRÉ SUR PAPIER DE LUXE
ET IMPRIMÉ
SUR LES PRESSES DE L'IMPRIMERIE DE SCEAUX

TABLE DES MATIÈRES

(ne fait pas partie de l'ouvrage original)

Chapitre premier

Chapitre II
Chapitre III
Chapitre IV
Chapitre V
Chapitre VI
Chapitre VII
Chapitre VIII
Chapitre IX
Chapitre X
Chapitre XI
Chapitre XII
Chapitre XIII
Chapitre XIV
Chapitre XV
Chapitre XVI
Chapitre XVII